COUP-D'OEIL

SUR

LE BUDGET, etc.,

ET

PROJET D'UN EMPRUNT

POUR ACQUITTER

NOTRE CONTRIBUTION DE GUERRE.

J'ai rempli les formalités voulues par les lois protectrices des propriétés litté-
raires; je les invoquerai contre tout débitant de cet ouvrage, dont chaque
exemplaire ne sera point signé de moi, ainsi que le présent.

DE L'IMPRIMERIE D'ÉVERAT, RUE DU CADRAN, N°. 16.

COUP-D'ŒIL

SUR LE BUDGET, SUR NOS BESOINS, SUR LE PROJET D'EMPRUNT, SUR LA THÉORIE MODERNE DU GRAND-LIVRE, SUR NOS RESSOURCES, SUR NOS VACILLATIONS POLITIQUES;

ET

PROJET D'UN EMPRUNT

POUR ACQUITTER

NOTRE CONTRIBUTION DE GUERRE,

Par M. B. F. A. DE FONVIELLE (de Toulouse.)

« Tout ce qui se passe, prouve qu'on n'a que trop tôt oublié les leçons du passé ; et puisque, même l'expérience de la veille est perdue pour le lendemain, il est indispensable, pour achever notre instruction, pour assurer celle de nos enfans, comme pour inspirer un sentiment de retenue, de modestie, je dirois presque de vergogne aux artisans de nos malheurs passés, de ne pas perdre de vue le mal qu'il nous ont fait, ne fût-ce que pour amortir en eux le désir et étouffer l'espoir de nous en faire encore. »   (*Coup-d'OEil sur le Budget*, etc., pag. 22.)

A PARIS,

CHEZ L'AUTEUR, RUE SAINT-HONORÉ, N°. 290;

ET CHEZ LES MARCHANDS DE NOUVEAUTÉS.

30 JANVIER 1817.

COUP-D'ŒIL

SUR LE BUDGET, SUR NOS BESOINS, SUR LE PROJET D'EMPRUNT, SUR LA THÉORIE MODERNE DU GRAND-LIVRE, SUR NOS RESSOURCES, SUR NOS VACILLATIONS POLITIQUES,

ET

PROJET D'UN EMPRUNT

POUR ACQUITTER

NOTRE CONTRIBUTION DE GUERRE.

Il est aisé de critiquer un Budget, dans une situation telle que la nôtre.

On a, pour auxiliaires, pour écho, pour approbatrices, toutes les passions, toutes les ignorances, et, pour arme offensive, le clinquant des déclamations, le cliquetis de tous les lieux communs sur les abus, sur l'excès des dépenses, sur l'épuisement des forces imposables, sur la nécessité de l'économie, etc., etc.

Mais il est difficile de mettre quelque chose à la place.

Œuvre pénible et lente d'une Commission préparatoire, dans la formation de laquelle le Ministre semble avoir eu plutôt pour objet de se prémunir, sous des rapports purement moraux, contre une opposition toujours embarrassante, que de s'appuyer sur des talens réels, sur des connoissances pratiques, le Budget de 1817 eût pu justifier les combinaisons du Ministre, et n'éveiller aucune contradiction à la Chambre des Députés, dont le silence approbateur eût laissé à son tour sommeiller l'opinion publique.

Deux circonstances en ont autrement ordonné.

La première, c'est l'ordonnance du 5 septembre, qui a frappé de mort la Chambre de 1816, à laquelle on avoit cru se rendre agréable en prenant dans son sein, pour les adjoindre à cette Commission, des Membres qui, originairement étrangers à la Chambre de 1817, devoient, par cela seul que leur coopération eût été, pour l'une, un préjugé avantageux, trouver, chez l'autre, des dispositions opposées.

L'esprit de suite eût calculé cela ; mais les passions excluent l'esprit de suite ; elles ne peuvent pas en avoir ; et voilà pourquoi notre révolution n'a été jusqu'ici qu'un Protée.

La seconde, c'est la publicité qu'a eue la négociation trop prématurée d'un emprunt appuyé sur les 30 millions de rente dont le Budjet, simple projet encore, promettoit au Ministre la prochaine disposition.

D'une part, une telle négociation a soulevé cette espèce de défaveur qu'appelle toujours, contre celui qui forme une demande ; les arrangemens que celui de qui elle dépend voit que l'on prend déjà comme s'il l'avoit accordée, ce qui semble supposer l'impossibilité du refus.

De l'autre, les étranges conditions de cet emprunt, telles qu'elles ont circulé dans le public, ont excité une réprobation universelle, soit à raison de leurs résultats ruineux, soit à raison de la qualité des prêteurs qui, poussant, a-t-on dit, leur zèle amical jusqu'à vouloir se charger des principaux services du département de la guerre, nous conduisoient tout doucement à nous voir placés sous une tutelle étrangère, laquelle disposant à-la-fois de nos recettes et de nos dépenses, nous réduisoit à n'être plus, en quelque sorte, qu'une colonie mi-Anglaise et mi-Hollandaise.

Je ne veux rien préjuger de ce qui va résulter de la discussion non encore ouverte à la Chambre des Députés ; je ne m'occuperai même pas de ce qui y sera dit ou fait, à partir d'aujourd'hui 27 janvier, jour où je me détermine à traiter cette matière, sur laquelle peu de personnes peut-être me refuseront le droit d'avoir une opinion.

Quelques écrits ont paru sur le même sujet ; un grand nombre d'autres les suivront vraisemblablement ; je n'en ai lu qu'un seul , je n'en lirai pas davantage : non que j'aie la folie de croire qu'on n'y dira pas mieux que moi, et que je n'y trouverois pas à m'éclairer, à rectifier mes idées ; mais parce qu'il me reste trop peu de temps pour être utile , si je le puis, et que si je dissipois mon attention, mon temps surtout à suivre les idées des autres, les miennes arriveroient trop tard.

Le grand cheval de bataille des contradicteurs du Budjet, sera qu'on n'a pas cherché principalement des ressources dans une économie sévère.

L'écrit que j'ai lu, tourne sans cesse autour de ce pivot ; son auteur trouve que, sur une dépense de 1,100 millions, rien n'étoit plus facile que d'obtenir une économie de 100 millions ; et il gourmande la Commission du Budget à la Chambre des Députés, de n'avoir su en trouver qu'une, très-insignifiante selon lui , d'au plus trente millions.

Dans tout cela, je vois de bonnes intentions, mais sans aucune idée, sans aucune base qui puissent réaliser ce rêve d'un homme de bien; rêve en effet d'autant plus digne de ce nom, que si le Budjet eût laissé le moyen d'en diminuer la dépense de 100 millions, c'est-à-dire, de 10 pour 100, il eût fallu considérer le ministère sous des rapports beaucoup trop sérieux, pour qu'on se bornât à opérer un tel retranchement.

L'économie, sans doute, est un puissant levier en administration : c'est un besoin et un devoir de tous les temps. Mais il ne faut pas la confondre avec l'avarice, plus prodigue souvent que la prodigalité même, le refus de telle dépense actuellement utile pouvant léguer à l'avenir la nécessité d'une dépense décuple. Telle seroit celle qui paralyseroit tels ou tels travaux dans les ateliers de la marine ou de la guerre, auxquels on ne sauroit porter atteinte sans renoncer à former un corps de nation, sans fouler aux pieds tout sentiment de dignité, tout sentiment d'indépendance.... présente ou éloignée.

Si 1,100 millions ont été jugés nécessaires, ce seroit un enfantillage dangereux, que de regimber, les yeux bandés, contre cette nécessité, et de perdre son temps à chercher à tâtons les moyens de s'en affranchir.

La Commission de la Chambre des Députés a proposé des économies ; respectons ses intentions ; elles n'ont rien que de louable. Mais qui a pu ne pas gémir de la foiblesse de ses motifs, de l'insignifiance des résultats qu'elle croit avoir obtenus ? Dans quel cercle, dans quelle réunion a-t-on parlé de cette partie de son rapport, sans qualifier d'économies de bouts de chandelles, celles qui s'y trouvent si laborieusement amoncelées ?

Notre mal n'est pas là. (1)

Notre mal-aise ne vient pas, ne viendra pas de quelques millions de plus ou de moins qui seront dépensés en famille et rentreront dans la circulation pour en hâter, pour en nourrir le mouvement.

---

(1) La réduction de certains traitemens ; un maximum à adopter pour les pensions, quelle qu'en soit la cause ; la défense d'en cumuler plusieurs, comme aussi de cumuler plusieurs fonctions, ce qui permettroit de rendre à des familles ruinées par la perte d'un emploi qui les nourrissoit, des moyens d'existence ; sont autant de dispositions que l'inquiétude conseille, que la sagesse ne repousse pas, que la prudence ne permet pas de dédaigner. Mais qu'il y a loin de là aux moyens de diminuer sensiblement nos embarras !

Là Charte et la raison s'opposent à cette critique dangereuse, à cette chicane de détail sur les dépenses que le chef de l'état a proclamées indispensables. Tout démenti public à cet égard a pour effet immédiat une déconsidération qui ne sauroit avoir que des suites funestes ; et si ce démenti conduit à des effets réels, à des retranchemens dont il sera éternellement impossible à une Chambre des Députés de prévoir toutes les conséquences, comme aux Ministres eux-mêmes de les signaler, de les mesurer, de les préciser dans le cours d'une discussion, où tant de passions, éblouissantes pour la multitude essentiellement ignorante, ont un avantage incommensurable ; ces effets réels, ces retranchemens, quelque fondés d'ailleurs qu'ils puissent être, n'ont, pour résultat direct, immédiat, inévitable, incontestable, que de déplacer la responsabilité morale du Gouvernement, et de la reporter sur la Chambre elle-même, qui, usurpant ainsi l'action exécutive, renverseroit tout l'édifice du pacte social.

Sortir à cet égard de la ligne tracée par la Charte, c'est se jeter hors du Gouvernement monarchique.

En vain la prérogative royale s'étendroit-elle au droit de faire la paix ou la guerre, au droit de décider de tout ce qui tient à l'administration ; en un mot, au droit de gouverner par des Ministres responsables, si la convenance de tout ce qui émane de sa volonté, étoit soumise au jugement et à l'approbation des Chambres.

Le droit de juger, d'approuver ou de rejeter ne différant en rien du droit d'empêcher, il est évident que les Chambres usurperoient sur l'autorité du Monarque, en s'attribuant un examen actif et possiblement répressif des dépenses, puisque, du refus d'en avouer la nécessité, découleroit immédiatement celui d'accorder les moyens d'y pourvoir, et, par-conséquent, la faculté de détruire l'indépendance de la puissance exécutive, en usant du pouvoir d'empêcher son action; ce qui, comme nous venons de le dire, équivaut au droit d'examiner, d'approuver ou de rejeter, c'est-à-dire, de gouverner.

Un tel système prêteroit beaucoup, je l'avoue, aux déclamations tribuniennes. Il faudroit peu d'efforts et peu de talent pour en faire découler une théorie séduisante, capable de faire illusion, même aux bons esprits, et de les entraîner dans la fausse route où nous nous sommes égarés depuis 30 ans.

Mais nous devons savoir à quoi nous en tenir sur ce pompeux et intarissable parlage, qui jamais ne céde à l'évidence, et trouve toujours à controverser sur les principes le plus universellement admis.

Tous les raisonnemens du monde, la faconde des orateurs les plus véhémens; les dilemmes les plus concluans, en apparence, en faveur de cette théorie turbulente, mais spécieuse, ne pourroient éblouir des hommes de bonne foi, voulant enfin et la paix intérieure, et le silence des passions que nourrit l'esprit de parti, et l'affermissement de l'ordre incompatible avec la confusion des facultés attribuées à chacun des élémens constitutifs d'un Gouvernement représentatif. Auprès d'eux, tout le clinquant de ce charlatanisme ne sauroit prévaloir contre cette seule considération, dont la justesse est incontestable.

Une seule Chambre législative dénature l'essence du Gouvernement monarchique; elle tend à le conduire à l'anarchie, d'abord par l'oligarchie, ensuite par le démocratisme, du moment que, s'arrogeant le droit de juger les dépenses reconnues par le Monarque comme justes et nécessaires, elle s'expose à empêcher l'action de son Gouvernement.

Le libre consentement de l'impôt est donc le cercle unique dans lequel elle est circonscrite; aller au-delà, ne seroit qu'une satire active du Gouvernement représentatif, et le premier pas vers son nfaillible et prompte destruction. (1)

---

(1) Seroit-ce un bien? Seroit-ce un mal? Nous sommes encore trop malades pour agiter une telle question avec quelque possibilité d'obtenir une solution raisonnable.

Montaigne, chargé d'en dire son avis, eût certainement vu de mauvais œil les inconvéniens de cet esprit de dispute taquine, que peut développer, chez une nation telle que la nôtre, la solennité du parlage de la tribune, et, tout au moins, il eût trouvé quelque chose à changer dans la forme de délibération de nos deux Chambres. Voici ce qu'il nous dit, livre 3, chap. 8, de l'art de conférer : » Il est » impossible de traiter de bonne foi avec UN SOT...» (Ailleurs, il nous explique ce que c'est qu'un sot : C'est un homme qui, décidé à soutenir son opinion, quelque démonstration qu'on lui donne qu'il est dans l'erreur, regimbe contre l'évidence même, et trouveroit à disputer, jusqu'à la fin des siècles, *même avec des discours non sots*, contre la vérité la plus universellement avouée. Après cela, peut-il être, pour une tête saine, rien de plus risible que cette importance que nous autres Français, nous attachons à quelques phrases bien sonores, qui jaillissent des discussions de nos législateurs ? De quelque bouche que ces phrases s'échappent, vous n'entendez que cette exclamation : Comme il a bien parlé! Oh! ma foi, il a bien parlé ! Mais a-t-il parlé sensément ? C'est ce dont personne ne s'occupe, tant chez nous le bien dire l'emporte sur le bien penser ! Je reviens à ma citation.) » Il est impossible de traiter de bonne foi avec un sot. Mon jugement ne se cor- » rompt pas seulement à la main d'un maître si impérieux, mais encore ma cons- » cience. Nos disputes devroient être défendues et punies, comme d'autres crimes » verbaux. Quel vice n'éveillent-elles et n'amoncellent-elles, toujours régies et » commandées par la colère ? NOUS ENTRONS EN INIMITIÉ, PREMIÈREMENT CONTRE » LES RAISONS, ET PUIS CONTRE LES HOMMES. Nous n'apprenons à disputer que » pour contredire; et chacun contredisant et étant contredit, il en advient que » le fruit du disputer, c'est perdre et anéantir la vérité. Aussi Platon, en sa répu- » blique, prohibe cet exercice aux esprits ineptes et mal nés. A quoi faire vous » mettez-vous en voie de quêter ce qui est avec celui qui n'a ni pas ni allure qui » vaille ? ON NE FAIT POINT TORT AU SUJET, QUAND ON LE QUITTE POUR VOIR DU » MOYEN DE LE TRAITER ; je ne dis pas moyen scholastique et artiste, je dis moyen » naturel, d'un sain entendement. Que sera-ce enfin ? L'un va en Orient, l'autre » en Occident; ils perdent le principal et l'écartent dans la presse des incidens. » Au bout d'une heure de tempête, ils ne savent ce qu'ils cherchent : l'un est bas,

Rendons grâces à la Charte de nous avoir sauvés de ce danger, et ne prétendons pas être plus sages qu'elle. C'est en y cherchant tou-

---

» l'autre haut, l'autre côtier : qui se prend à un mot et une similitude : qui ne
» sent plus ce qu'on lui oppose; tant il est engagé en sa course et pense à se suivre,
» non pas vous suivre vous : qui, se trouvant faible de reins, craint tout, refuse tout,
» mêle, dès l'entrée , et confond le propos ; ou , sur l'effort du débat, se mutine
» à se taire tout plat, par une ingnorance dépite , affectant un orgueilleux mépris
» ou une sottement modeste fuite de contention : pourvu que cettui-ci frappe. il
» ne s'enquiert pas combien il se découvre : l'autre compte ses mots et les poise
» pour raisons. Celui-là n'emploie que l'avantage de la voix et de ses poumons.
» EN VOILA UN QUI CONCLUD CONTRE SOI-MÊME; et cettui-ci qui vous assourdit de
» préfaces et digressions inutiles. Cet autre s'arme de pures injures et vous cherche
» une querelle d'Allemagne pour se défaire de la conférence d'un esprit qui presse
» le sien. Ce dernier ne voit rien en la raison , mais il vous tient assiégé sur la clô-
» ture dialectique de ses clauses. Voit-on plus de barbouillage au caquet des ha-
» rangères qu'à toute notre dispute publique ? Je tiens qu'elle est également vi-
» cieuse en celui qui a droit, comme en celui qui a tort; car c'est toujours une
» aigreur tyrannique de ne pouvoir souffrir une forme diverse à la sienne ».

Au risque de faire une note beaucoup trop longue , en cela d'autant plus inexcusable , peut-être, que je me laisse entraîner bien au-delà du but que je me suis
donné , j'examinerai jusqu'à quel point ce que notre philosophe disoit des dispu-
teurs de son temps, peut s'appliquer aux conséquences qu'ont eues, chez nous, et
que pourront avoir encore nos formes représentatives.

Qu'on ne m'accuse point d'en blâmer le principe ; de ne pas admettre, je ne
dis pas comme le meilleur possible , car il seroit absurde de pousser jusques-là
l'exigeance, mais comme bon, le système qui nous régit : je m'étayerai de ce que
nous disoit Montaigne tout-à-l'heure : ON NE FAIT POINT TORT AU SUJET QUAND
ON LE QUITTE POUR VOIR DU MOYEN DE LE TRAITER; et j'irai en avant, assuré que
si on peut trouver que je me trompe, du moins on ne pourra nier avec justice mes
bonnes intentions.

Frappé des orages politiques que n'avoient cessé d'enfanter nos assemblées lé-
gislatives, Buonaparte, qui avoit fait son cours de despotisme dans l'école révolutionnaire , et qui nous a prouvé qu'il n'en avoit pas mal profité, ue pouvant éviter d'asseoir SES CONSTITUTIONS (prenez garde , je vous prie, à ce pluriel , qui
est d'une profondeur remarquable), sur la base d'une représentation nationale,

jours, au gré de nos intérêts du moment, ce qu'elle ne dit pas ; que nous arriverions promptement à ne plus la comprendre, ou à la

---

institua une Chambre de Députés muets , qui ne recouvrèrent la parole que lorsque le grand procès de la légitimité ayant été gagné à Waterloo. Ils s'imaginèrent que tous les fruits de la révolution alloient périr, et cherchèrent à leur donner l'abri d'une burlesque constitution dont ils décretoient le dernier article lorsqu'ils reçurent leur congé au milieu des huées de tout Paris, enivré du retour de son Roi.

Les mêmes scènes tumultuaires, les mêmes tempêtes, les mêmes exagérations, la même tendance à aller, à l'envie l'un de l'autre, de plus fort en plus fort, qui avoient caractérisé la Constituante, la Législative, la Convention, les Cinq Cents, le Tribunat, signalèrent cette Chambre de Députés, affranchie du mutisme que lui avoit imposé la défiance de son fondateur.

Ce fut une conséquence naturelle de la Charte de Louis XVIII.

Cette Charte, réédifiant la Monarchie des Bourbons sur la base du système représentatif moderne, auroit pu profiter de la combinaison de Buonaparte , au lieu de se rejeter brusquement en arrière pour nous rendre les assemblées babillardes qui nous avoient assourdis pendant 25 ans ; elle ne le fit point , et notre Chambre des Députés est restée une arène où, à cela près que la proposition des lois ne lui appartient que d'une manière indirecte, le choc des opinions , la lutte des partis, le combat acharné des passions les plus violentes , peut, chez un peuple imitateur qui prend tout au sérieux en ce genre, occasionner, en certains cas, de dangereuses commotions. La tribune n'est pas muette , disoit-on hier. Hélas ! non , elle ne l'est pas ; et, qui pis est, les Français ne sont pas sourds. On ne devroit jamais perdre cela de vue.

Peut-être, et il faut l'espérer, finirons-nous par nous faire aux nouvelles mœurs d'un système qui, chez nos voisins, de qui nous l'avons emprunté , a bien ses inconvéniens que ce n'est pas ici le lieu de signaler, mais qui n'y entraîne aucun de ceux qu'il peut long-temps encore avoir chez nous, où il existe un sentiment des bienséances , un tact exquis, une sorte de civilisation , surtout des idées sur le point d'honneur, qu'on chercheroit en vain chez toute autre nation.

Toutefois, en attendant que nous en venions à ce point, que l'inimitié contre les raisons n'engendre pas l'inimitié contre les hommes ; en attendant que la nation ait acquis assez de flegme pour que des déclamations de tribune ne soient pas dans le cas de compromettre sa tranquillité ; en attendant que nos orateurs en

rendre l'éternelle complice de toutes nos passions, ce qui seroit mille fois pis que de n'en pas avoir.

---

viennent à se réunir dans une taverne, en sortant de leur assemblée, et à y rire de leurs débats, comme cela arrive en Angleterre et ici à nos avocats, lesquels, sortant de l'audience, rient de la passion de commande qu'ils y ont montrée pour leurs cliens; je ne sais pas trop si le mutisme des Députés n'eût pas été préférable à ce flux de paroles moroses, auquel les formes actuelles leur permet de s'abandonner.

Cette matière m'intéresse; la manière dont je l'envisage me sourit : je la veux épuiser, afin de me sauver la tentation d'y revenir, pour la traiter à fonds dans un ouvrage spécial.

Qu'avons-nous gagné à ramener les formes de 1789, sous Louis XVI; de 1793, sous Robespierre; de 1796, sous le Directoire; de l'an 8, sous le Consulat?

Du bruit et un spectacle qui afflige la raison humaine; je n'y saurois voir que cela.

Concevez, de sang froid, ce que cette raison humaine peut trouver de satisfaisant à une réunion de 250 chefs de famille qui quittent leurs affaires pour venir, et fort heureusement à leurs frais, ce que compensent assez, chez quelques-uns, les arrières-pensées de leur ambition individuelle, pour venir, dis-je, grossir la liste qu'à coup sûr on pourra faire dès la première séance, des Membres qui s'asseyeront constamment, les uns à la droite, les autres à la gauche du Président, décidés à y voter en masse et sans qu'aucune considération puisse les en détourner, toujours en faveur des propositions qui seront faites à la chambre, ou contre ces propositions.

N'est-il pas évident que, du moment que le dénombrement de chacune des deux colonnes opposées est connu, il ne reste plus d'incertitude sur les résultats d'une session? Le Ministère sera réputé infaillible dans tous les cas, par l'une; tandis que l'autre prétendra qu'il est impossible qu'il émane de lui une seule proposition raisonnable. N'est-il pas clair qu'il résulte de cette absurdité commune, que la Chambre dominera le Ministère, si une seule voix de plus pèse dans le bassin de l'opposition; et, qu'au contraire, le Ministère restera le maître absolu, si cette majorité d'une seule voix gravite dans l'autre bassin? Un seul homme, qui s'ignore lui-même, et qu'il est impossible de désigner, est donc l'arbitre aveugle et passionné de toute la législation, et le salut ou la perte de la patrie dépendent du calcul numérique le plus insignifiant comme le plus fortuit.

J'ai, dès l'ouverture de cette session, exhorté plusieurs Députés de mes amis, à

La Chambre doit se renfermer dans le droit qu'elle a de voter,
au nom la Nation qu'elle représente, sur les voies et moyens d'éga-

----

faire tous leurs efforts pour détourner leurs collègues de donner ce scandale à la France, et cet avantage à leurs rivaux, en évitant de se grouper sur un des côtés de la salle. Je leur ai fait sentir quel avantage ils auroient à se placer sans choix au milieu des rangs ennemis, pour rompre les signaux de communication, et maintenir, autant que possible, l'indépendance naturelle des opinions. Je n'ai pas réussi à faire prévaloir cette tactique si simple et d'un effet que je crois infaillible : je n'y ai point regret; car peut-être le salutaire baillon qu'une loi sage et nécessaire continue d'appliquer à nos journaux, eût-il été écarté, au grand péril de ce qu'il nous importe le plus de préserver des atteintes perfides du faux zèle ou des imprudences du zèle exagéré; car cette discussion, d'où sont sortis d'ailleurs des éclairs de génie et des idées extrêmement heureuses, a présenté ce phéno-mène : que ceux qui avoient le plus d'intérêt à l'adoption de cette loi, dont l'absence seule a enfanté, en d'autres temps, tous leurs malheurs, sont ceux qui, CONCLUANT CONTRE EUX-MÊMES, l'ont repoussée d'une voix unanime, et qu'elle a été accueillie, défendue avec leur chaleur ordinaire, uniquement par ceux-là mêmes dont elle viole manifestement les principes auxquels ils se font gloire de ne vouloir rien retrancher.

Le hasard a donné cinq ou six voix de plus à un des côtés de la Chambre. Ce coup de dé en faveur des opinions qui dominent de ce côté, ne prouve rien, je le dis franchement, à un homme sensé, qui ne sauroit y trouver une raison suffisante pour se croire certain qu'une telle majorité, résultat d'une coalition avouée, soit l'expression de la majorité de la Nation. Aux yeux de cet homme de sens, la Nation ne sera vraiment représentée que lorsque tout Député occupera indifféremment, et sans choix, la première place vacante de l'un ou de l'autre côté de la salle; que lorsque chacun d'eux votera alternativement, suivant ses inspirations libres, tantôt pour, tantôt contre les lois proposées, et contribuera ainsi à former une majorité significative et accidentelle; ou bien se perdra dans une minorité variable dans ses élémens et n'ayant plus, par cela seul, un caractère d'opposition préméditée, et par conséquent, de passion. Comme il est de toute impossibilité que le Ministère ne se trompe jamais ou se trompe toujours, il est sensible qu'alors une variation spontanée et purement circonstancielle, résulteroit de ses propositions dans la tête de chaque Député, et qu'ainsi il se formeroit une opinion prédominante véritablement pure, dictée par la raison, et, par cela même, la seule digne de mé-riter qu'on la considérât comme l'expression présumable de l'opinion publique.

Il me passe une idée par la tête, qui, peut-être, n'est qu'une rêverie; mais je veux

ler les recéttes de l'État aux dépenses dont le tableau probable est mis chaque année sous ses yeux.

la laisser tomber de ma plume sans la peser; on la prendra pour ce qu'elle vaudra, et enfin je finirai cette note éternelle.

Mettant à profit les leçons de l'expérience, et prenant un milieu entre le partage, dangereux sous plus d'un rapport, qui découle d'une discussion indéfinie et entre le mutisme de la Chambre législative de Buonaparte, ne pourroit-on adopter un système mixte qui, pour jamais, écarteroit de la tribune ces disputes affligeantes qui déconsidèrent nos Députés, et excuseroient trop souvent ceux qui n'ont encore pu se plier à reconnoître l'excellence du dogme représentatif?

Ce système ne me semble pas plus absurde qu'un autre: le voici, tel que je le conçois.

Le Roi feroit proposer aux Chambres, par ses Ministres, les lois qu'il juge nécessaires. Les Ministres ou un Commissaire en développeroient les motifs et en justifieroient les dispositions. Chaque Chambre nommeroit, chaque fois, trois Commissions chargées d'en faire l'examen. L'une de ces Commissions auroit la tâche de présenter toutes les convenances, tous les avantages, toute l'utilité de la loi; l'autre auroit pour objet d'en faire ressortir tous les inconvéniens, de rassembler toutes les idées qui militent contre son rejet, ou d'y proposer des amendemens.

Chaque Député porteroit à ces Commissions le tribut de son opinion personnelle dans des notes qu'elles fondroient dans leurs rapports.

Ce rapport entendu avec solennité, un Commissaire du Roi ou l'un des Ministre répondroient à ce qui seroit contraire à la proposition; accepteroient ou combattroient les amendemens.

Enfin la troisième Commission, résumant toute la discussion, donneroit son avis motivé sur le tout, et concluroit, soit à l'adoption avec ou sans amendemens, so au rejet.

Immédiatement, on iroit au scrutin, d'abord sur le rejet; ensuite sur l'adoptio simple, si le rejet étoit écarté; ensuite sur l'adoption avec amendemens, l'adoptio simple n'étant pas admise.

Je ne sais ce qu'on pensera de cette idée; mais il me semble qu'elle ouvre u champ plus noble au talent oratoire; qu'elle ferme la bouche aux passions; qu'el fait cesser cette distinction d'un côté droit et d'un côté gauche; qu'elle annulle l

Si quelque réduction est possible, dans ces dépenses, c'est à l'exécution, qu'en dernière analyse, le Prince, qui lui-même est la pièce principale de la machine représentative, en pourra juger sainement. Son intérêt, comme représentant héréditaire et inamovible de la Nation, est une garantie suffisante que cette réduction aura lieu.

On a beaucoup parlé d'abus dans la concession des pensions, surtout au département de la guerre; des dispositions trop imprudemment manifestées en faveur du clergé ; des libéralités qui ont calmé les souffrances de quelques familles, dont l'état de misère déceloit l'insensibilité, surtout l'inconséquence de ces infatigables déclamateurs qui, plaçant l'irrévocabilité de la spoliation dont ces familles demeurent les victimes, au premier rang de ce qu'ils ont appellé les intérêts révolutionnaires, ont demandé, au nom même du droit de propriété dont leurs mains ont noyé le code sacré dans une mer de sang, ont voulu, dis-je, irrésistiblement, que tout fût sacrifié au repos des spoliateurs dont ils seroient au désespoir que l'on troublât un seul instant la digestion, tandis que la faim meurtrière les débarrasseroit de moment en moment de la vue importune et accusatrice des malheureux spoliés.

On a parlé de la détresse de la Nation qui, courbée sous le joug des plus grands fléaux politiques, a vu tous les fléaux de la nature conspirer contre la possibilité d'en supporter le poids.

On a fait le rapprochement de l'épuisement de nos ressources et de l'immensité de nos besoins.

---

disputes quelquefois très-aigres que font naître les épreuves du vote par assis et levé; qu'enfin elle tend à perfectionner le régime représentatif, et qu'ainsi elle en garantit la durée.

« Il faut voir, dit Cicéron, non-seulement ce que chacun dit, mais aussi ce que » chacun juge, et de plus, pourquoi il juge ainsi. » Je trouve ce pourquoi trop visible avec le régime que nous avons.

2

Et enfin, l'on n'a su, jusqu'ici, d'abord, qu'indiquer un impuissant palliatif, dans une économie, dont on seroit embarrassé d'indiquer une application précise, positive, et, ensuite, que déclamer, sans rien proposer à la place, contre le remède trompeur d'un emprunt fait à des étrangers.

Trop malheureusement, il faut en convenir, notre position, résultat affreux de l'ouragan parti de l'île d'Elbe, inexcusable crime de ceux qui ont donné la main à l'insensé dont l'apparition fantasmagorique attira une seconde fois sur notre patrie les armées de toute l'Europe, notre position est cruelle !

100 jours d'une usurpation qui, à tous les maux qu'elle a causés en arrêtant le cours d'une restauration dont les salutaires effets se faisoient sentir, pour ainsi dire, d'heure en heure, a ajouté celui de réveiller les passions révolutionnaires dont déjà les symptômes avoient cessé, dont la racine étoit détruite; 100 jours d'une usurpation sacrilège, qui, sur le déluge des calamités qu'elle a déchaînées sur la France, a vu surnager les hommes qui en furent les protecteurs ou les complices ; les hommes qui, après ne s'être occupés qu'à la tourner à leur profit, veulent qu'on les croie aujourd'hui les seuls capables d'en guérir les suites funestes; 100 jours de cette usurpation enfin, qui nous couvrit de honte et qu'expie si douloureusement, peut-être, hélas ! si vainement ! l'exécration de tout ce qui porte un cœur français, contre tout ce qui se rattache aux causes qui l'ont amenée, ont été et seront long-temps, pour la France, une calamité plus profonde, plus destructive de tous les élémens de son bonheur, que ne le furent les 25 ans de l'épouvantable révolution dont le 30 mars 1814 sembloit avoir marqué le terme.

A qui attribuer cet immense désastre ? A qui la faute, s'il en est résulté, pour nous, un état d'humiliation où il nous seroit impossible de trouver des motifs de consolation, si nous n'avions à dire à nos neveux, que l'Europe, a indignement abusé de la confiance avec laquelle nous avons accueilli en libérateurs ses guerriers qui nous ont imposé des lois qu'ils n'avoient pas osé nous dicter après une première invasion, laquelle seule eût pu justifier ce qu'ils ont fait à la seconde ?

Accusera-t-on le Roi ! accusera-t-on ses amis ; accusera-t-on la France entière, qui, quoi qu'en disent les défenseurs des intérêts révolutionnaires, n'a cessé de lui rester fidèle, (1) des résultats

---

(1) Laissons de coté Paris qui, dans sa classe moyenne, infiniment respectable, infiniment intéressante, offre la réunion de tous les sentimens généreux, l'amour de l'ordre, l'amour du bon, de l'honnête, du juste ; de bonnes mœurs ; un esprit religieux ; un attachement solide à la légitimité, à notre famille Royale, etc. ; mais qui, dans certaine autre classe, offre un tout autre aspect, et, par cela seul, pourroit prêter un certain avantage à mes contradicteurs qui y trouveroient de trop nombreux échos. Portons nos regards dans nos provinces, dans nos campagnes. Je sais que telle est la prétention de nos incorrigibles que, par-tout, les têtes y sont détraquées, et que l'on y rêve les plus folles chimères ; je soutiens que cela n'est point.

Dans les campagnes, me disoit-on sérieusement, il y a peu de jours, gardez-vous d'aller parler de la noblesse ou du clergé ; les paysans se plaignent par-tout et vous disent qu'il n'y a que deux coups de fusil qui puissent finir nos inquiétudes, l'un au Curé, l'autre au ci-devant Seigneur.

C'est un homme sensé qui me parloit ainsi ; sans cela, une telle opinion n'eût attiré que mon mépris, et je ne l'eusse point notée.

Elle est fausse dans toute l'étendue du terme. Ce ci-devant Seigneur, qui n'est plus qu'un simple propriétaire et jamais ne sera que cela (des brouillons seuls, je ne puis trop le répéter, peuvent à cet égard affecter quelque doute) quel mal fait-il à ces paysans, à moins que vous ne leur supposiez les idées de Babeuf sur le bonheur commun, sur la loi agraire, et que vous ne veulliez me faire entendre qu'il faut garder quelque ménagement pour ces idées-là ? Ce Curé aussi, qui, s'il est digne de ses respectables fonctions, ne leur prêche que la paix et le respect des lois, quel mal fait-il à ceux que le libertinage révolutionnaire peut encore détourner de faire partie de son troupeau ? Pour guérir ces têtes malades, heureusement en petit nombre, il ne faut que les raisonner, si elles veulent écouter des raisonnemens, ou les abandonner au bénéfice du temps, infaillible calmant de toutes les folies.

La seule chose que je sois éloigné de nier, c'est qu'on se plaint dans les cam-

douloureux de cette irruption désastreuse qu'un seul de nos soldats, s'il eût su en calculer les suites, lui laissant même ses extrava-gantes idées sur le faux honneur qui fascinoit son imagination, au-roit arrêtée dans sa source ?

Nous dira-t-on encore qu'il falloit, puisque l'usurpation étoit consommée, laisser l'usurpateur régner aux Tuileries et dévorer encore la France, avec sa conscription, sa soif insatiable d'or, de sang, de puissance, ses idées de domination universelle, son am-bition enfin à laquelle un moment il a pu feindre de renoncer, mais

---

pagnes comme ailleurs. Seroit-il donc possible qu'il en fût autrement, lorsque l'Europe, oubliant les leçons de Tacite, confirmées par l'Espagne avec ses guérillas, par la Prusse avec sa landsturm, par l'Autriche avec sa landwehr, s'est exposée à réduire au désespoir une Nation comme la France ? On souffre et l'on se plaint ; l'un est la conséquence de l'autre ; mais ces plaintes ne se rattachent à rien qui ressemble à des regrets tels que ceux que supposent les conséquences qu'on pré-tend en tirer.

Il n'est pas un seul de ces paysans, si le Notaire du village, si le Maire, si le Curé, si tous ceux qui sont à portée de leur parler raison, sont tant soit peu pé-nétrés du besoin que nous avons de repos après tant d'orages, qui refuse d'avouer, avec eux, que sans le retour de Buonaparte de l'île d'Elbe, et sans ses aveugles adhérens, nous serions déjà le peuple le plus heureux de l'ancien continent ; que notre malheureuse position est le fruit de ce crime atroce ; qu'elle doit nous ins-pirer une horreur éternelle pour tout ce qui peut se rattacher à cet insensé qui expie, au milieu des déserts de l'Océan, sa détestable et funeste ambition ; que si la France n'a pas mérité ce que lui coûtent quelques-uns de ses enfans, dont l'égarement même n'a pas été sans gloire ; et si son Roi, qui en souffre comme elle, n'a fait, dans cette cruelle catastrophe, que se montrer plus digne de son amour ; le remède, l'unique remède à ces souffrances est dans notre résignation à les supporter, dans un retour sincère à nos anciennes mœurs, dans l'oubli mutuel de nos torts réciproques, de nos prétentions opposées, dans le silence des pas-sions et des erreurs révolutionnaires, dans une sage défiance des hommes qui nous prêchèrent ces erreurs, et fomentèrent ces passions, enfin dans un géné-reux patriotisme qui nous donnera le courage de ne pas désespérer de la cure de rant de maux, et d'opérer cette cure nous-mêmes.

dont l'Europe a du prévenir, comme elle l'a fait, les nouvelles atteintes ?

C'étoient là les discours de cette armée dont, avant sa criminelle
défection, la France avoit le droit de se montrer si fière ; de cette
armée dont son Roi lui-même avoit daigné épouser la gloire, à laquelle son estime, hautement proclamée, ajoutoit un nouvel éclat,
et qui, cependant, a créé elle-même l'évidente nécessité de sa dis-
solution, nécessité déplorable sans doute mais que ceux-là même
qui en sont les auteurs ne feroient que justifier encore plus, s'ils
persistoient à la désavouer.

C'étoient encore là les discours de ces mêmes hommes qui, aujourd'hui, nous prêchent l'oubli du passé, en nous le rappelant sans
cesse ; de ces hommes qui, coriphées d'un parti qui triomphe, d'un
parti, le seul intéressé à se faire oublier, puisqu'il est impossible
de lui pardonner sans réserve, accusent de ne former qu'un parti
ceux qui ne veulent que les empêcher de rajeunir, de continuer
la révolution, et, fidèles à leur tactique, dont ils feignent de croire
que nous pourrions encore être les dupes, tantôt soutiennent que tout
est tranquille, tant l'opinion publique se complait à les voir en
scène, comme les seuls capables de défendre les intérêts de la
Nation ! tantot ne voient que des fermens de nouvelles discordes
dans la persévérance de leurs antagonistes à soutenir que, désabu-
sée, fatiguée de sa révolution, la France ne s'en croira véritablement soulagée, que lorsque les héros de ce temps de délire, auront
consenti à rentrer dans l'obscurité à laquelle les condamnera tôt ou
tard cette vérité qui, tôt ou tard, deviendra un axiome incontesté,
c'est que des instrumens de destruction ne sont, ne peuvent être
des instrumens de réédification, et surtout de conservation.

Qu'on ne m'accuse point de réveiller intempestivement des souvenirs qu'il faudroit à jamais couvrir d'un voile impénétrable.
Ce n'est pas moi, ce ne sont point mes pareils qui en font un besoin.

Si , comme l'a dit un Pair de France , qui me surpasse de beaucoup en talens , mais dont je sens que je puis égaler le courage , si,
non contens de l'indulgent oubli où ils pouvoient se réfugier , les
hommes dont je parle n'aspiroient pas à se voir récompensés de
leurs vieilles erreurs , et même , qui pis est , de leurs efforts récens
pour éloigner une restauration dont eux seuls veulent cueillir les
fruits, alors que , trompant leurs calculs , elle console enfin les bons
esprits et les bons cœurs ; ces souvenirs, je les éloignerois de moi ,
et ma plume discrette n'en chargeroit point cet écrit.

Mais tout ce qui se passe prouve qu'on n'a que trop tôt oublié les
leçons du passé : et puisque, même l'expérience de la veille, est perdue pour le lendemain , il est indispensable, pour achever notre instruction , pour assurer celle de nos enfans, comme pour inspirer
un sentiment de retenue , de modestie , je dirois presque de vergogne aux artisans de nos malheurs passés , de ne pas perdre de
vue le mal qu'ils nous ont fait, ne fût-ce que pour amortir en eux
le désir et étouffer l'espoir de nous en faire encore.

Nous leur donnerons du relâche , quand eux-mêmes consenti-
ront à nous en donner. Dès qu'ils ne nous parleront plus du passé,
qu'ils regrettent tout bas et que nous abhorrons tout haut , nous
n'en parlerons plus nous-mêmes : dès qu'ils ne nous parleront plus
d'esprit de parti, quand eux seuls forment un parti, et quel parti !
celui des vieux amis de la révolution ! celui qui seul a conduit notre
malheureuse Patrie dans l'abîme où elle est tombée ! nous ne
parlerons plus que des moyens de sortir de ce gouffre , et nous les
associerons avec joie à l'honneur de relever la France de sa chûte.

Oui : cette malheureuse France a reçu de profondes blessures;
elle souffre de tous les maux qui peuvent à-la-fois frapper une nation. La nature elle-même semble avoir conspiré avec l'aveugle-
ment des passions politiques pour lui faire subir la plus terrible
des épreuves.

Téméraires provocateurs de ces passions, trop excusables à cer--

tains égards, qui vous a dit que ce n'est pas vous, oui vous-mêmes qui avez tenté, par votre incorrigibilité, la clémence de cette providence dont le nom n'excite chez vous que le sourire d'un orgueilleux philosophisme, tandis qu'elle est et fut toujours, pour les cœurs purs, la source de toute espérance ?

Vous seuls pouvez ne pas comprendre qu'il est possible que cette providence, à la vue du facile succès de la plus misérable conception d'un ambitieux en délire, ait jugé que sa verge vengeresse ne s'étoit pas assez appesantie sur un peuple qui a pu souffrir ce succès insultant ?

C'est à ce peuple à désarmer la colère de Dieu par une sage résignation. Incapables, je dirai plus, indignes de la lui prêcher, cessez de disputer aux vrais amis de l'ordre, aux vrais amis de la morale, aux amis de la religion, aux amis du Roi, le triste avantage de le ramener dans les sentiers d'où vous l'avez trop long-temps écarté, à la lueur de ce vaste incendie qu'avoient allumé et qu'attisoient, hier encore, vos théories audacieuses.

La France souffre ; elle oubliera, si vous savez le mériter, que c'est à vous qu'elle doit ses souffrances. Elle souffre ; mais c'est la France ! c'est cette généreuse Nation ; cette Nation à qui l'excès même de ses maux donne le droit de se qualifier la Nation immortelle ! cette Nation qui résista à ce que lui coutèrent les pieuses folies qui l'appauvrirent et la dépeuplèrent dans le treizième siècle, cette Nation qui supporta les suites, si long-temps désastreuses, de la captivité du Roi Jean ! cette Nation qui sut, à la voix d'une femme, se relever de son abattement sous Charles VII ! cette Nation qui ressuscita à la gloire, et qui, au sein même de ses malheurs, après la bataille de Pavie, vit briller, sous François Ier, l'aurore du beau siècle de Louis le Grand ! C'est la France ! C'est cette Nation enfin qu'appauvrirent passagèrement, mais sans jamais épuiser ses ressources reproductives, et l'imprudente révocation de l'édit de Nantes, et les folies du système de Law, et la paix de

1763 , et l'émigration de 1790 , et la banqueroute de ses assignats, et la guerre d'Espagne, et la folle expédition de Moscou, et l'invasion de 1814 , dont elle reçut immédiatement une compensation qui eût, en peu d'années, cicatrisé toutes ses plaies, sans cette défection honteuse , inconcevable qui, tout-à-coup, la couvrit de nouveau de cette lèpre révolutionnaire qu'on s'efforce encore de nourrir sur son corps décharné.

Oui ; la France sortira triomphante de l'état déplorable où l'ont poussée ceux en qui le dogme salutaire, le dogme si naturel, si rassurant de la légitimité , ne réveille que des regrets qu'ils déguisent en vain sous le masque d'une orgueilleuse effronterie , ou d'une hypocrisie que trahissent à-la-fois et la perfidie de leurs commentaires, et l'inconséquence de leur conduite. Sans aucun doute , elle en triomphera , cette France jadis si belle! instruite , par son malheur même, à n'en plus en être la terreur, elle sera encore l'admiration de ses rivaux !

Mais est-il vrai qu'elle ait besoin d'un secours étranger pour supporter la crise qu'elle éprouve ?

Si elle ne peut, pour cela, se suffire à elle-même, comment supportera-t-elle à-la-fois et les sacrifices qu'elle est condamnée à subir, et ce que lui coûtera ce secours, qui ne feroit que prolonger sa maladie et peut-être la rendre incurable en achevant son épuisement ?

Il faut bien qu'elle puisse suffire aux efforts que lui commande sa situation. Sans cela, ces étrangers, qui n'ont qu'un seul mobile, leur intérêt; ces étrangers, que n'aveuglent aucune des passions qui nous déguisent l'étendue de nos forces réelles, viendroient-ils nous offrir leur or ?

Que dis-je leur or ? c'est le nôtre qu'ils nous présentent , et nous ne savons pas le voir ; ils nous apportent seulement un germe encore informe de crédit; mais ce germe, c'est notre richesse, que nous mettrions à leur disposition, qui seule lui donneroit la vie; c'est l'opé ration qu'ils feroient avec nous, qui seule leur prêtéroit la force d'en ceuillir les profits quelconques ; car, quelle que soit leur fortune, quel que soit leur crédit personnel, l'une et l'autre, aux yeux de la saine raison, descendroient à zéro à côté d'un capital tel que celui qui seroit la bâse de cette immense négociation, après laquelle il est tel évènement qui, pendant son exécution, pourroit tromper leurs avares calculs, au point que, dans le monde entier, il n'existât pas de fortunes particulières capables d'en supporter les conséquences.

Je n'examine pas jusqu'à quel point on peut ajouter foi à ce qui a percé dans le public, des bases projetées de l'emprunt, dont les 3o millions de rente créés par le Budget seroient la matière et le gage ; si, comme on le prétend, cet emprunt augmenteroit de près de 5o pour 1oo, ce qui reste à payer de la contribution de guerre. A quoi bon m'enfoncer dans de pareils détails ? L'opinion qui s'est formée à cet égard, n'a pas d'assez solides bases pour qu'un tel examen ne soit pas ici au moins prématuré, et par conséquent superflu. Je m'arrête à un point certain. Des étrangers viennent à nous ; c'est pour gagner sur nous. Ce qu'ils espèrent gagner, pourquoi ne le gagnerions-nous pas nous-mêmes ? Nous leur inspirons quelque confiance ; pourquoi nous en refuserions-nous à nous-mêmes.

Oui, replions sur nous-mêmes ; oui, cherchons en nous-mêmes, dans nos ressources nationales, les moyens de remplir nos engagemens ; et n'attendons enfin notre salut que de nous-mêmes.

Quelles que soient leurs offres ; éconduire des empiriques qui ont emmiellé les bords du vase, qui renferme peut-être un poison qu'ils nous offrent comme un remède, est le parti le plus sûr que nous ayons à prendre, le seul aussi que la raison puisse avouer.

Personne n'en disconviendra : ceux-là même qui se sentiront le moins disposés à se trouver d'accord avec moi une seule fois, seront ici de mon avis. Mais c'est, me diront-ils, le conseil de ce rat avisé qui, pour le salut de sa république souterraine, trouvoit qu'il seroit bon d'attacher un grelot au cou du chat, gardien de la maison. Le conseil étoit des meilleurs s'il eût été exécutable.

Pas de doute que par-tout, au premier abord, on en dira autant de celui que je viens de donner.

Avant d'en venir à la démonstration, que je me crois en état de fournir, de la possibilité de son exécution, revenons sur nos pas ; livrons, en peu de mots, un combat à mort à quelques préjugés qui pourroient nuire à nos propositions, et recueillons quelques idées auxquelles nous puissions nous rallier un peu plus tard.

Le préjugé contre lequel il est le plus nécessaire de se prémunir, (et, celui-là détruit, tous les autres s'évanouissent comme un vain nuage) c'est celui qui auroit pour objet de persuader que l'économie peut-être un agent de quelque importance, à côté de nos grands besoins.

Je ne crains pas de poser en fait que, même les économies qu'à proposées la Commission du Budget, dans son rapport à la Chambre des Députés, doivent être comptées pour zéro dans nos ressources financières. Je ne nie pas la possibilité d'en opérer quelques-unes sans de trop graves inconvéniens ; mais il est plusieurs articles de dépense inévitable qui, j'ose le prédire, dépasseront de beaucoup les évaluations portées au Budget ; partant au moins *balance*.

N'oublions pas qu'un Budget n'est qu'une évaluation du probable, non un état au positif.

Par la bouche de ses Ministres, le Roi nous y dit, qu'à quelque chose près, les dépenses s'élèveront à telle somme, et il demande à la Nation, en s'adressant à ses Réprésentans, les moyens d'y pourvoir.

Toutefois, il reste toujours, au profit de cette Nation, au profit de l'État, au profit du Roi même, l'intérêt direct, le besoin permanent que ce dernier, qui réunit dans sa personne tous les intérêts nationaux, a nécessairement de disposer avec économie des fonds que la loi annuelle affecte à chaque branche de l'Administration.

Gardez-vous, sur ce point délicat, d'abuser le public, dont il n'est que trop facile d'alarmer la crédulité dans de telles matières. Rappelons-nous des jongleries, devenues si funestes, dont le fameux, l'innocent livre rouge fut le perfide et coupable prétexte. Ce livre rouge n'étoit qu'un respectable et touchant témoignage de la bienfaisance d'un bon Roi ; il devint l'une des pièces dont s'armèrent ses accusateurs pour le conduire à l'échaffaud.

Pour juger sainement de cette prétendue prodigalité, dont vous voudriez accuser les Ministres, ouvrez seulement vos oreilles aux plaintes que, de tous côtés, soulèvent contre eux ou contre leurs bureaux, mais dans un sens tout-à-fait opposé, cette foule de prétentions qu'ils ont repoussées, trop souvent même, osons le dire, en donnant une entorse à l'exacte justice.

Vous nous parlez, par exemple, de cette masse de pensions, de traitemens sans activité, qui vous a effrayés sur les états du Ministère de la Guerre ?

Eh bien ! arrêtez, au milieu de la rue, le premier militaire, ne tenant plus à aucun corps, que vous rencontrerez sur vos pas ; demandez-lui ce qu'il en pense. Il y a cent à parier contre un, qu'il fera chorus avec vous sur cette prodigalité ministérielle, dont vous êtes imbus ; mais qu'il se plaindra, pour ce qui le concerne, de ce qu'il n'a encore rien obtenu, ou de ce qu'il n'a pas obtenu tout ce à quoi il prétend avoir droit.

Il n'est peut-être presque pas d'exception à cet égard ; j'ose être presque sûr qu'on trouveroit bien difficilement un nombre, tant soit peu digne d'être cité, de militaires qui aient à avouer, et qui, en effet, avouent de bonne foi, qu'ils ont obtenu tout ce qu'ils avoient cru leur être dû, chacun dans sa cathégorie particulière.

Cependant, prises en masse, les dépenses dont tous ensemble ils sont l'objet, et dont chacun d'eux accuse la parcimonie, en ne considérant que lui, ces dépenses vous ont offusqués au point d'avoir été tentés d'y chercher la matière d'une accusation contre le Ministère, au lieu d'y trouver la racine d'une idée qui se présente si naturellement; c'est qu'il a fallu une fermeté, une force d'âme, je dirai même un courage au-dessus des forces humaines, pour résister, dans les circonstances où nous sommes, à l'obsession de tant de prétentions individuelles auxquelles, si un bras vigoureux ne leur eût imposé une forte barrière, toutes les recettes du Trésor-Royal réunies, n'auroient peut-être pas suffi.

Comment est-il entré dans votre esprit, que cela ait pu être autrement?

N'avez-vous donc pas réfléchi à ce qui a dû résulter de la subite transition d'un système militaire, tel que celui qui nous a tourmentés pendant 20 ans et plus, à un état de paix qui, sous ce rapport important, nous fait rétrograder de beaucoup trop, sans aucun doute, au-delà même de ce que réclamoient, et la sûreté de nos alliés, et les ménagemens dûs au sentiment de notre indépendance?

Ces dépenses, qui vous semblent si excessives, et qui pourtant, vues de près, sont inévitables dans toute la force du terme, ces dépenses sont la peine de nos folies; et remarquez que vous ne sauriez y toucher, sans que, du sein de chaque famille, un cri d'opposition ne s'élevât pour vous glacer d'effroi.

Avec vos systêmes modernes, avec vos lois en faveur de vos innombrables soldats et des veuves de ces soldats, lois que dicta d'abord la passion, et que maintint ensuite une politique pusillanime; avec votre conscription qui étendit son réseau dépopulateur sur toutes les familles; vous pouvez aisément vous rendre raison des embarras où a du se trouver le département de la Guerre, après le licenciement d'une armée qui avoit envahi l'Europe, et menacé le monde entier; après une paix qui, ayant d'abord rappelé parmi nous ceux de nos compatriotes qui gémissoient dans les pontons ou dans les forts anglais, nous rendit postérieument les restes de cette grande armée qui avoit couvert l'Europe de ses débris immenses, depuis Moscou jusqu'aux rives du Rhin.

C'en est assez, sans doute, pour vous ôter le courage de continuer votre cours de déclamations contre certains Ministres dont l'administration (et l'on sait bien pourquoi) n'a pas eu le bonheur d'obtenir votre suffrage.

Votre morosité à leur égard est sans objet comme elle est sans excuse ; leur prodigalité n'est qu'une chimère à laquelle vous ne pouvez croire vous-mêmes ; et quand il seroit vrai que, dans quelques cas, il se seroit glissé, dans un travail aussi immense, quelques erreurs, même, si vous voulez, quelques actes de faveur qui pussent être justement censurés ; combien ils seroient compensés par tout ce qu'ont pu épargner à l'État, ou une rigueur trop excessive, ou des lenteurs inévitables qui ont lassé la patience des postulans !

Mais encore un coup, notre mal n'est pas là.

Vos critiques irréfléchies ne sauroient épargner ou amener un écu au Trésor-Royal.

Si nous voulons sortir de notre position, cherchons ailleurs d'autres ressources.

Ce que vous faites, ce que vous dites, ressemble, au reste, à ce qui se fait et se dit partout en pareil cas. Partout où la gêne se fait sentir, ce n'est pas aux moyens radicaux de la faire cesser qu'on s'attache ; on récrimine, on se plaint, ou s'abuse sur les causes du mal, on se tourmente enfin du passé, pour lequel il n'est plus de remède, du présent qui, tandis qu'on en parle, se perd déjà dans le passé, et à peine songe-t-on à s'occuper de l'avenir qui, seul, est accessible à nos efforts pour le plier à nos besoins, s'il est possible.

Oyez ce qui se dit chez nos voisins. On y crie à tue-tête contre les sinecures, comme si le mal incurable de l'Angleterre venoit de là ; comme s'il suffisoit, pour la guérir, de faire brusquement endosser la besace à quelques familles qui vivent de cet abus, lequel circule de main en main, et se compense ainsi avec le bien que chacun en retire ou peut en espérer ; comme autrefois, chez nous, nos bénéfices ecclésiastiques, depuis le fils d'un Duc, même le fils d'un Roi, jusqu'au fils d'un Cordonnier, étoient une prime d'encouragement pour chaque père de famille qui pouvoit se flatter d'y trouver un établissement honnête pour un de ses enfans.

Pensez – vous qu'il suffira à l'Angleterre de supprimer les sinecures, pour combler l'immense profondeur du gouffre sur lequel elle est suspendue ?

Les esprits sages savent, depuis longtemps, à quoi s'en tenir sur sa fausse prospérité, sur la folie brillante qui en impose encore à nos anglomanes, lesquels, persuadés qu'il est pour nous, êtres finis, un infini auquel nous puissions ajouter sans cesse, proclament comme impérissable cette frêle prospérité ; et, dans les systèmes aériens qui ont gonflé cette bulle prismatique qui, prête à crever, les éblouit encore, ne voient qu'une œuvre de génie qu'ils s'efforcent de franciser, ce dont Dieu puisse nous préserver !

Adoptons une marche plus sûre ; rallions-nous à des idées plus saines ; cherchons de vrais, de surs remèdes, non d'impuissans palliatifs.

Laissons à la sagesse d'un Roi auquel nous rendons tous une égale justice, dont tous nous admirons les lumières, la raison supérieure, les bonnes intentions, laissons lui le soin d'assurer toutes les économies qui seront compatibles avec la dignité d'une Nation telle que la nôtre, et cherchons à lui assurer les moyens de faire face à tous les besoins de l'État.

Le Budget a tendu à ce but. L'a-t-il atteint ? Voilà la première question qui se présente à la pensée ?

Je réponds, oui, sans balancer, puisqu'il est évident qu'un capital de 30 millions de rentes, dont le Ministère demande à disposer, offre amplement de quoi le mettre au-dessus du besoin.

Mais la concession d'un tel capital est-elle suffisante, pour qu'une fois accordée, nous puissions demeurer sans inquiétude ; et peut-on se flatter que, de ce moment même, tous les embarras du Trésor Royal cesseront ?

C'est autre chose. Rien ne seroit plus commode, sans doute, que de pouvoir user de nos inscriptions au Grand-Livre, comme d'une mine d'or que nous aurions sous notre main. A côté de cette commodité, je vois bien l'inconvénient de son abus inévitable ; et, dans le dénouemeut d'un épisode révolutionnaire si rapidement oublié, dans la tranquille disparition de nos assignats, je vois bien aussi où nous conduiroit, avec une telle commodité, notre moderne théorie sur le Grand-Livre ; mais, dans notre position, affreuse sous tant de rapports, je me garderois d'en parler ; et si, en effet, les 30 millions de rente que demande le Ministère, lui donnoient véritablement des ressources actives, directes, positives, pour guérir le présent sans tuer l'avenir, je m'empresserois de donner les mains à cette opération si simple.

Mais dans cette conception qui, si on ne peut la qualifier un effort de génie, annonce au moins l'homme de sens, qui a de la droiture et beaucoup d'esprit d'ordre, dans cette conception, je ne vois rien qui parle à l'imagination, rien qui réveille le patriotisme sommeillant dans le cœur des Français, mais non pas, tant s'en faut, du sommeil de la mort. Je n'y vois rien qui rappelle notre Nation, si capable d'enthousiasme, au sentiment de l'intérêt public, par le sentier toujours uni, toujours facile et toujours attrayant de l'intérêt particulier ; rien enfin qui puisse secouer notre dangereuse apathie, résultat de nos malheurs mêmes, dont elle-même, à son tour, envenime les effets meurtriers.

A-t-on pu se persuader que l'honneur national n'existoit plus en France ?

Ce seroit une injure que la France ne mérite pas.

A-t-on cru qu'on l'appelleroit vainement à la gloire de se sauver par elle-même, et qu'elle préféreroit confier à des étrangers ce soin sacré, cette tâche si noble, en aggravant, par son insouciance, le fardeau qu'elle doit supporter, et cela pour le seul avantage de se voir dispensée d'un effort généreux qui, tout-à-coup, feroit cesser son état de marasme; et pour se condamner, plus tard, à de plus grands efforts qui la conduiroient à la mort, si elle acceptoit le poison lent que, sous l'étiquette et la forme d'une potion calmante, lui présentent ces étrangers?

J'ai fait hommage en 1816, au Roi, au Ministre des Finances et à la Commission du Budget de la Chambre des Députés d'alors (1),

---

(1) Cette Chambre a laissé de grands souvenirs, et j'aime qu'on ait dit que, pour elle, l'histoire a déjà commencé. Elle n'est cependant pas tout-à-fait exempte de reproches. C'est dans son sein, si je ne me trompe, qu'a pris naissance le système des cathégories, qui a fait à nos finances une blessure, dont elles n'avoient pas besoin, en contribuant à accélérer la disparition de notre numéraire, lequel est aux corps politiques ce que le sang est aux corps animés.

Dans ma Théorie des Factieux, dévoilée et jugée par ses résultats, dont les journaux n'ont pas parlé, parce que j'y disois d'eux, en 1815, tout ce qui vient d'en être dit à la Chambre de 1817, dans la discussion de la loi qui nous défendra pendant un an du mal qu'ils peuvent faire, mal bien légèrement compensé par le peu de bien qu'ils procurent; dans cette Théorie des Factieux, dis-je (*), j'avois essayé de faire prévaloir des idées de justice, ou, au moins, d'indulgence qu'il ne m'est pas encore démontré qu'on n'ait pas eu tort d'écarter. Je citerai, entre autres, notre ancien Ministre des Finances Ramel, dont les solides connoissances dans cette partie n'ont pas été dédaignées par le Roi des Pays-Bas, qui a apprécié et mis à profit ses talens et son désintéressement qui me sont à moi bien connus. Long-temps oublié par Bonaparte, il eut le malheur de se voir, pendant les 100 jours, appelé à la Préfecture de Caen : si l'on eût daigné prendre la peine d'in-

(*) Cet ouvrage se trouve chez Dentu, libraire, au Palais-Royal, Galeries de Bois.

d'un plan de finances qui me sembloit assurer sans efforts le paiement de la contribution de Guerre.

---

terroger le Calvados sur sa courte administration, on eût appris qu'il s'y fit chérir
par sa sagesse, par sa modération, par ses efforts pour tempérer dans son départe-
tement les effets de la crise qui tourmentoit alors toute la France, et qu'il s'y
montra l'ami du Roi, plutôt que le complice de l'usurpateur...

Cependant, la force des cathégories l'a mis au rang des hommes dangereux que
la France, où il a laissé des amis dans la classe la mieux pensante et la plus honnête, ne pouvoit conserver dans son sein ! Que falloit-il, pour que la Hollande ne
profitât pas de la perte que nous avons faite d'un homme qui a emporté les regrets
de ceux qui l'ont connu de près, comme moi ? Individualiser l'application des cathégories et abandonner cette application à la sagesse du Roi, comme Sa Majesté
elle-même en avoit senti le besoin.

Cette rigueur aveugle est encore plus choquante à l'égard des Membres de la
Chambre des Pairs qui ont siégé pendant les 100 jours. (Voyez ma Théorie des
Factieux, note 16, page 306.)

Combien n'y compta-t-on pas de ses Membres qui ne s'occupèrent que d'empêcher le mal d'aller aussi loin qu'il pouvoit aller, et de diminuer les effets de
l'épouvantable crise où nous mit le retour du fugitif de la Caprée moderne ?

S'il en est qui s'y firent remarquer par leur stupide engoûement pour le héros
des fédérés, ou par leurs provocations anarchiques, le plus grand nombre con-
serva une attitude qui méritoit un autre traitement que celui qu'ils ont essuyé, et
quelques-uns auroient sans doute obtenu du Roi un regard de satisfaction, si Sa
Majesté avoit eu à juger leur conduite individuelle, ce que ne lui permit pas ce
même système des cathégories appliqué à la Chambre des Pairs.

Je citerai en preuve une anecdote ignorée jusqu'ici, dont je fus en quelque
sorte le témoin, et qui mérite d'être conservée pour l'histoire de cette époque si
rapide, mais si profondément dévastatrice.

M. De la Rochefoucauld, rentré dans Paris, Bonaparte étant aux Thuileries,
est arrêté et est trouvé porteur des proclamations du Roi, de qui sa courageuse
fidélité étoit venu tenter de rallier les amis plongés dans la stupeur.

Bonaparte veut qu'on le fusille ; Fouché le sauve des fureurs du tyran.

Son zèle n'est point amorti par le danger qu'il a couru. Epiant les évènemens,
il croit que le moment est arrivé où il peut à son tour servir Fouché auprès du Roi,
en offrant à ce Ministre une occasion de contribuer à rappeler Sa Majesté ; mais il
ne peut parvenir jusqu'à lui.

Ce plan parloit à l'imagination ; il me paroissoit susceptible de donner une heureuse impulsion au patriotisme français, de ramener

---

La conduite que le comte Fabre de l'Aude a tenue à la Chambre des Pairs, lui inspirant de la confiance, il se présente à lui, et lui demande si la Chambre dont il est Membre ne seroit pas disposée à se donner l'honneur de rappeler son Roi. Fabre répond qu'il se fait fort d'obtenir la majorité et s'engage à faire à ce sujet une motion d'ordre dont il ose garantir le succès.

Sur cette assurance, M. de la Rochefoucauld, démontrant qu'il seroit nécessaire de se mettre en communication directe avec le Roi, pour cet objet, offre d'aller en personne faire connoître à Sa Majesté l'état des choses.

Mais il faut un passeport pour franchir les avant-postes de l'armée française, et Fouché seul peut le donner.

Fabre se charge de procurer à cet agent fidèle une conférence avec Fouché.

Il se rend chez Cambacérès, lui dévoile tout ce mystère, le détermine sans peine à protéger cet heureux dénouement et en obtient une lettre pour Fouché, auquel M. de la Rochefoucauld, qu'il lui recommande, devra la remettre en personne.

Si Fouché eût accordé de suite le passe-port que Cambacérès lui demandoit pour M. de la Rochefoucauld, celui-ci eût atteint le Roi, lui eût fait devancer les armées alliées, l'eût amené aux portes de Paris, Fabre de l'Aude eût fait sa motion d'ordre, le Roi eût été rappelé par la Chambre des Pairs, il fût rentré dans ses Tuileries sans le secours des alliés ; le prétexte de ceux-ci pour imposer à la France les conditions qu'ils lui dictèrent, n'eût pas existé ; les évènemens eussent changé absolument de face.

Mais Fouché, sans repousser les vues de M. de la Rochefoucauld, pendant trois jours, le renvoya d'un jour à l'autre, lui promettant toujours ce passeport qu'il ne donna jamais ; et pendant ce temps-là, il négocia, à sa manière, mais sur un autre plan, le retour du Roi, dont il voulut se donner à lui seul le mérite. Les alliés arrivèrent, personne ne fut plus le maître des évènemens.

On peut voir, dans le journal général de France, qui est celui qui a rendu le compte le plus exact de la séance de la Chambre des Pairs du 5 juillet 1815, la conduite de Fabre de l'Aude ce jour-là. Le fougueux sicaire de Bonaparte, Thibaudeau, effrayé de la tournure que prenoient les affaires, et voyant rejeter le projet d'une adresse par laquelle Napoléon II étoit proclamé, mesure à laquelle Fabre de l'Aude s'opposa le premier, *comme contraire aux grands intérèts de la patrie*, proposa un message à la Commission exécutive pour lui demander explication

dans la circulation l'argent que la peur en a chassé depuis deux ou trois ans, d'attirer même, comme auxiliaire, l'argent de l'étranger, et de donner à l'amortissement de la dette publique, non-seulement une base solide et impérissable, mais encore un mouvement ré-gulier, dégagé des atteintes du caprice de l'agiotage sur les fonds publics.

J'ai reçu pour ce plan des éloges, mais on l'a bientôt oublié, et quoiqu'on m'eût déclaré officiellement qu'on le considéroit comme renfermant de très bons matériaux pour le Budget de 1817, ce plan et son auteur sont restés étrangers aux travaux de ce même Budget.

Je ne mis point alors le public dans ma confidence.

Plus curieux d'utilité qu'avide de célébrité (1), je voulus laisser

---

sur les garanties qu'elle pouvoit offrir à la Chambre des Pairs que la volonté natio-nale, comme elle l'annonçoit, seroit satisfaite, et pour connoître ce qu'elle enten-doit par cette volonté nationale.

» Le Gouvernement, lui dit Fabre de l'Aude, vous a déclaré que des insurrec-
» tions royalistes avoient éclaté dans une grande partie du territoire, que la cocarde
» blanche et le drapeau blanc y étoient arborés. Ces faits peuvent ils laisser des
» doutes sur les sentimens actuels d'une grande partie de la France? Les garanties
» que vous demandez sont dans nos constitutions, dans nos lois, dans le système
représentatif; enfin DANS LA SAGESSE ET LA MODÉRATION DU PRINCE QUI VA NOUS
» GOUVERNER. . . . » Ce Prince est revenu, il a justifié les promesses que fit pour
lui un Pair de France, et le système des cathégories a ôté la pairie à ce Pair! . . .
Plus je vis, plus je vois, et plus je me confirme dans la conviction que j'ai depuis
long-temps qu'on perd toujours à s'écarter de l'exacte justice. C'est à cela seul
que je dois de n'avoir jamais été un homme de parti et d'avoir des amis de toutes
les couleurs, parce que, sous toutes les couleurs, j'ai trouvé des hommes que j'ai pu
estimer et dont j'ai pu rechercher moi-même l'estime, l'obtenir et m'en honorer.

(1) *Mihi quidem laudabiliora videntur omnia, quæ sine venditatione et sine populo teste fiunt.* Si mon porte-feuille, qui s'est grossi silencieusement depuis 30 ans, pouvoit un jour me valoir le stérile honneur d'un recueil de mes œuvres posthumes, ou verroit que le droit de parler ainsi m'appartient plus qu'à Cicéron, l'homme peut-être le plus avide de cette fumée qu'on appelle la gloire, et le plus vain, le plus plein de lui-même que le monde ait encore connu. Elle est pourtant de lui, cette phrase, que je traduis ainsi : *rien ne me semble plus louable que ce qui se fait sans ostentation et sans que le peuple en soit témoin.*

au Ministre la liberté de juger ma proposition et ne pas compro—
mettre, s'il ne la croyoit pas admissible, le succès de ses propres
idées.

Aujourd'hui les motifs de ma réticence d'alors n'existent plus.

Le dessein de payer à mon Roi et à mon pays un nouveau tri—
but du zèle que je leur vouai de tout temps, m'a fait prendre la
plume trop tard pour qu'il me soit permis de croire que, si mes
vues offrent quelque chose d'utile, elles puissent produire un effet
quelconque autrement que par la publicité que je me détermine
à leur donner.

Je vais donc exhumer, du plan que j'ai donné il y a 18 mois,
quelques idées qui s'appliquent encore à notre position, malgré les
changemens survenus dans nos finances pendant cet intervalle.

Avant tout, je me permettrai une digression nécessaire.

Il s'agit ici de crédit public; il s'agit de confiance; il faut des bases
à ce credit, il en faut à cette confiance. J'espère lui en donner
de solides, d'inattaquables, d'incontestables; mais il en est d'un ordre supérieur qu'il n'est pas en mon pouvoir de créer. Je ne puis
que les indiquer à la sagesse du Roi, à celle du Ministère, à celle
des deux Chambres, et, dût-il m'en coûter mon repos, mon existence
même, je le ferai sans détour, sans déguisement, avec la conviction
intime que je ne dirai rien que de vrai, rien que d'utile, rien
qu'on ne puisse méconnoître sans compromettre le salut de la
France, dont il faudroit désespérer si le cri des passions révolutionnaires étouffoit plus longtemps parmi nous le cri de la raison,
de la justice et de la vérité.

Ce qui envenima notre révolution, ce qui devoit la rendre in-
terminable, ce sont les vacillations politiques qui changeoient
brusquement la direction de ce torrent, de telle sorte que la
Nation ne pût jamais discerner clairement où on prétendoit la
conduire.

Ce qui devoit distinguer et caractériser la restauration, c'étoit une simplicité d'action, une homogénéité de principes, une unité de vues, une fixité d'intentions qui permissent toujours de distinguer nettement, au bout de notre horison politique, le but vers lequel convergent toutes les espérances, vers lequel le gouvernement ne devoit pas cesser un seul instant de se diriger franchement.

Ce but étoit, ne pouvoit être que l'oubli de la révolution; le soin constant d'en réparer les immenses ravages; de régénérer les mœurs qu'elle avoit perverties; de remettre en honneur la religion, unique sauve-garde des mœurs; d'imposer un frein salutaire aux dogmes perturbateurs qui avoient détrôné des préjugés utiles, justifiés par une paisible et longue expérience (1); de forcer au silence, au repos, à l'oubli de leurs services prétendus, les acteurs turbulens du drame lugubre et terrible auquel la providence avoit enfin daigné donner un dénouement si heureux et si imprévu.

Que falloit-il pour atteindre ce but ?

Discerner dans le cahos des effets révolutionnaires, ce qu'ils avoient produit fortuitement de bon, et le conserver avec soin : reconnoître, dans le mal qu'ils avoient versé sans mesure, ce qui n'étoit plus réparable ; et s'armer de résignation pour sacrifier à la raison d'état les regrets les plus légitimes : purifier, par la sanc-

---

(1) Je me sers à dessein et par préférence de cette expression, *des préjugés*. Il faut que le peuple apprenne qu'il n'est pour lui rien de plus respectable; que ce fruit lent de la sagesse des siècles est l'aliment le plus sain dont il puisse nourrir sa raison ; que ce mot *préjugé*, exprime une proposition, une opinion, une vérité *déjà jugées* et sur lesquelles il n'y a plus à controverser ; qu'il doit considérer comme un bienfait, ces préjugés, qui n'existent que pour son bonheur, puis qu'ils le dispensent de détourner à l'étude de ses devoirs, de ses besoins les plus usuels, son attention que réclament incessamment ses travaux nourriciers ; et qu'il doit enfin ne considérer que comme ses ennemis les plus odieux, les plus coupables, les brouillons qui attentent à son repos en le privant de ce chevêt si doux pour sa naïve et heureuse ignorance.

tion royale, quelques principes que le choc des passions avoit fait jaillir de la source d'où découla le déluge d'erreurs sous lequel nous fumes si longtems submergés; principes avec lesquels nos anciennes institutions étoient bien loin d'être en opposition, comme on l'a prétendu, mais qui, ayant surnagé sur la mer des tempêtes, méritoient d'être proclamés comme étant, en tout temps, en tous lieux, les élémens nécessaires d'un pacte social : accueillir avec indulgence, avec égards, avec faveur, selon leur valeur relative, les hommes que la France étoit accoutumée a voir à la tête ou dans les dégrés secondaires de l'Administration, mais auxquels elle n'avoit à demander aucun compte des maux qui l'avoient accablée, des crimes dont elle avoit gémi ; lorsque, d'ailleurs, ces hommes auroient, sans réticence et sur-tout sans regrets, fléchi de bonne foi un genou religieux devant le dogme tutélaire de la légitimité : leur associer avec empressement, mais sans une prédilection que ne justifieroit pas une supériorité décidée, les vieux amis de la monarchie qu'on a eu, dans ces derniers tems, l'inconséquence, l'absurdité de prétendre inhabiles, parce qu'ils furent trop longtems dédaignés, ou dangereux, parce que leur fidélité raisonnée, prévoyante, ne sait pas se plier à l'idée qu'un gouvernement royal puisse impunément compter pour rien des royalistes, les abreuver de ses mépris, et n'admettre, pour constituer sa machine administrative, que des rouages démagogiques : perdre à jamais de vue le passé, pour ne songer qu'à l'avenir ; voir du même œil, en conséquence, tous les hommes capables de servir l'état, mais ne faire aucun cas des talens auxquels ne s'allieroit pas une moralité sans laquelle il n'y a nulle raison d'espérer qu'ils ne tourneront pas plutôt au détriment de la chose publique : braver des clameurs insensées ou perfides qui, tout en feignant d'avouer la nécessité de rendre à la nation son culte et ses autels, mais plaçant ce besoin en dernière ligne dans l'ordre des besoins humains, et des devoirs d'un Gouvernement sage; loin de s'effrayer de la caducité du clergé de France, depuis long-temps abandonné à lui-même et devenu insuffisant, loin de songer à le compléter; vouloient que ce qui reste de ce corps, respectable par ses fonctions comme par ses malheurs, demeurât condamné à mourir de faim : enfin, respecter ce voile sacré que le Roi-Martyr, prêt à marcher à sa sainte immortalité, avoit jeté sur les crimes de ses coupables contemporains; confirmer le pardon qu'il avoit prononcé, que prononça, après lui, la noble, la digne compagne de sa gloire et de ses malheurs; tout oublier; tout pardonner, comme eux; mais attacher à ce pardon la condition, si naturelle, que ceux qu'on en feroit jouir se feroient oublier eux-mêmes.

Eh bien ! tout cela a été fait. Dans tout ce que je viens de dire, je n'ai fait autre chose que crayonner à grands traits l'esquisse de l'histoire de la première restauration. Aussi, rappelez-vous combien sa marche fut majestueuse; avec quelle rapidité les stigmates de la révolution se cicatrisoient à vue d'œil; dans quel respectueux silence, les factions abattues, désormais sans espoir de déchirer encore le sein de la patrie, la laissoient respirer de leurs longues fureurs.

Un seul instant suffit pour rouvrir toutes nos blessures. A la vue d'un seul homme, plus furieuses, plus menaçantes, ces mêmes factions, l'effroi de tous les gens de bien, nous conduisirent en peu de jours au dernier degré du malheur, au dernier degré de la honte.

A qui le dûmes-nous ? Hélas ! il faut le dire, à l'excès même des vertus de ce Roi dont notre France se montre si fière, de ce Roi qu'elle a salué du nom de Louis-le-Désiré. Sa belle âme, ne pouvant se faire une idée de la profonde et incurable perversité de certains hommes de la révolution, avoit semé sur eux les bienfaits sans mesure, et ne pouvoit s'attendre à n'en recueillir que la plus noire et heureusement la plus stupide ingratitude. Le Roi, dans sa clémence, avoit trop étendu l'application de l'oubli des erreurs et du pardon des crimes; et la providence voulut que l'incorrigibilité de ces cœurs inflexibles, de ces têtes démantelées, qu'aucune considéra tion ne peut déterminer à renoncer à leurs chimères, de ces esprits turbulens, que le danger d'entraîner la France entière dans leur chûte, ne sauroit détourner du dessein infernal de contrarier éternellement l'affermissement du trône et de l'autel, fût enfin démontrée à ses yeux.

Quelle leçon! hélas! Providence incompréhensible! que nous réservez-vous encore, puisque cette leçon terrible n'a pu préserver le plus sage des Rois du malheur de voir de nouveau ses amis les plus dévoués, les plus fidèles, les plus purs, calomniés, repoussés, abreuvés de mépris, par-tout sacrifiés, enfin, non pas, comme on ne craint pas de le dire, aux intérêts, mais aux hommes révolutionnaires!

Nos neveux voudront-ils jamais croire, qu'après la catastrophe du 20 mars, fruit amer de la trop grande clémence du Roi envers les artisans de la révolution, les complaisans flatteurs d'un tyran, qu'ils n'avoient adopté pour maître qu'après avoir exigé qu'un crime sans excuse le légitimât à Vincennes, sont parvenus, en peu de mois, à ressaisir leur funeste influence, et, par degrés, ont donné à la restauration la couleur d'une révolution continuée?

Leur incorrigibilité, vainement démontrée, ne leur permet aucun relâche pour empêcher la France de reprendre la sécurité après laquelle elle soupire! Et ils obtiennent cet affreux succès! Et ils en font parade! Et ils accusent les amis de la royauté, c'est-à-dire, la France entière, de ne former qu'un parti qu'ils se vantent d'avoir comprimé!

Il est impossible de le dissimuler : la première restauration a été exempte des vacillations politiques qui ont signalé la seconde ; et voilà pourquoi la confiance s'étoit établie par-tout sans efforts, sans hésitation. Chacun, comparant le passé au présent, se croyoit pour jamais délivré de ces mouvemens de bascule, dont le combat fréquent des factions opposées avoit fatigué la Nation pendant 25 ans.

La première déviation de cette ligne tracée par la sagesse, ne pouvoit avoir que de fâcheuses conséquences et ébranler la sécurité de la Nation sur les effets durables d'une restauration. Aussi, depuis lors, les contradictions qui ont embarrassé la marche du Ministère; les démentis qu'il s'est donnés à lui-même, en changeant de langage presque de mois en mois; les jugemens divers qu'il a portés, à chaque époque, sur les hommes et sur les choses; la mobilité de ses principes législatifs; la variation de sa marche; l'incertitude apparente de son but; tous les symptômes enfin qui décèlent la présence d'une faction dont (pour son honneur on doit le croire,) lui seul peut-être ne sent pas qu'il est devenu l'instrument; tous ces symptômes, dis-je, d'une administration vacillante dans ses desseins, précurseurs de nouveaux orages, ont répandu par-tout une inquiétude décourageante qui ajoute à nos maux présens la crainte de maux encore plus grands que la France n'auroit peut-être plus la force de supporter.

Il n'y a pas de milieu; il faut ou la rassurer à jamais à cet égard, ou renoncer à retrouver en elle l'élan généreux d'un patriotisme qui seul peut la sauver.

Veut-on que les principes de la révolution soient, pour toujours, ceux qui la régiront? qu'on l'avoue hautement, franchement; que, dès-lors, les hommes de la révolution se présentent sans masque; qu'ils prennent le timon, qu'ils soient chargés, sans mélange, sans exception, de la manœuvre du vaisseau de l'État. On se façonnera à cette étrange manière de régir une monarchie, et chacun, prenant son parti en conséquence, après s'être persuadé qu'il n'y aura plus de changemens, le mouvement social reprendra son cours naturel, et une confiance telle quelle, un crédit public tel quel, jaillissant de la force des choses, des besoins individuels, d'où découle ce flux et reflux qui vivifie le mouvement industriel, nous pourrons encore parler aux Français d'intérêt, d'honneur, de patrie, et les pousser à chercher leur salut dans leurs propres efforts.

Mais veut-on, au contraire, veut-on sincèrement que les principes monarchiques, dont l'invocation dérisoire n'est dans certaines bouches, qui ne trompent personne, qu'un voile maladroit qui ne sert qu'à entretenir cette inquiétude qu'il est si nécessaire, si urgent de calmer; veut-on, dis-je, que ces principes règnent dans toute leur vigueur tutélaire? qu'on le dise : et, pour prouver qu'on n'a point d'arrière-pensée à cet égard, qu'on appelle au timon, qu'on appelle aux manœuvres les amis du Roi, des mœurs, de l'ordre, de la religion, de la monarchie légitime ; qu'ainsi cessent une bonne fois ces vains avantages qu'on obtient d'une majorité factice que dément, que désavoue la seule majorité réelle, celle de la Nation. Qu'on renonce à cette tactique, copiée du bon temps des hommes de 93, d'influencer les élections pour prêter à la France un vœu qui ne sauroit être le sien, comme exclusif de son repos ; qu'on reconnoisse que cette influence est le crime le plus anti-social et le plus punissable ; que tout instrument, que tout provocateur d'une telle influence soit flétri par nos lois, comme il l'est par l'opinion publique, plus sévère souvent que la loi dont elle supplée le silence; que le Gouvernement royal se compose d'élémens royaux; que, sous un Roi trop long-temps désiré, la qualification de royaliste ne soit plus, ici une injure, ici un titre d'exclusion ; que chacun reconnoisse enfin, dans l'organisation de la machine administrative, un corps organique, un tout, sagement composé de parties homogènes, coopérant au mouvement avec le moins de frottement possible. Dès ce moment, vous verrez s'il est juste de dire que la France a perdu le sentiment du vrai patriotisme ; si, rassurée contre le tourment des vacillations politiques, il n'y a pas chez elle d'esprit public, comme l'en accusent nos anglomanes, qui ont la folie de lui souhaiter un esprit public à l'anglaise ; vous verrez si son amour pour son Roi n'est qu'un protocole de gazette, et si, tranquille sur la stabilité de son Gouvernement, sur la stabilité du trône, sur l'absence de toute passion malfaisante et perturbatrice dans la sphère législative, ce crédit public, cette confiance, avec lesquels on fait des miracles en finance, quand on sait le vouloir, ne naîtront pas subitement pour le salut de la patrie.

J'étois tenté de prêter, aux hommes auxquels je m'attaque, une explication que j'ai pressenti qu'ils voudroient nous donner du calme qui a signalé la première restauration ; je m'en suis abstenu pour me dispenser de leur faire une réponse qu'ils ne soupçonnent peut-être pas, et qui leur eût fermé la bouche. C'eût été un argument *ad hominem*, d'un trempe sévère ; mais je l'ai supprimé, je l'ai mis dans mon corps de réserve, je l'y trouverai au besoin.

Je ne saurois user de cette réticence au sujet des calomnieuses déclamations à l'aide desquelles, champions bénévoles des intérêts révolutionnaires, ces mêmes hommes sont parvenus à se faire considérer comme les seuls défenseurs nécessaires de ces intérêts si étranges, si chatouilleux, qui, bien mieux que par eux, sont défendus par la Charte, le Roi, et LES SAGES AMIS DU ROI.

Ceci terminera ma digression, à la suite de laquelle j'entrerai en matière pour exposer mes vues sur le moyen d'assurer le service du Trésor Royal jusqu'à ce qu'il soit débarrassé du chancre rongeur que lui a attiré le potentat de l'île d'Elbe.

Vous seuls, nous dites-vous, pouvez être chargés de la défense des intérêts révolutionnaires ?

Mais sont-ils attaqués en effet ? et est-il vrai qu'ils aient besoin d'autres défenseurs que le Roi, seul légitime protecteur et protecteur impartial de tous les intérêts ?

Qu'est-ce d'ailleurs, je vous prie, que des intérêts révolutionnaires ?

Quoi ! toujours des termes nouveaux ! toujours des mots nouveaux ! toujours des mots pour brandons de discorde ! toujours des mots pour que le peuple, qui ne les comprend pas, s'agite, se passionne, sans savoir pourquoi ! se tourmente pour des intérêts qui ne sont pas les siens ! sacrifie enfin son repos à de vaines chimères !

Vos intérêts révolutionnaires seroient-ils, par hasard, en opposition avec les intérêts non révolutionnaires, avec les intérêts de chaque citoyen ou de chaque famille , avec ceux de l'état ou du Roi ?

S'ils en diffèrent, si telle est leur essence , qu'il violent par leur co–existence les intérêts universels de la cité ; hâtez-vous de nous le prouver, afin que , de nôtre côté, nous nous hâtions d'effacer ces intérêts monstrueux, discordans, parasites et indignes de ménagement, de la liste de ceux que les lois doivent protéger et que le Prince doit défendre.

S'ils n'en diffèrent pas , que nous demandez–vous , et quel besoin le gouvernement a–t–il d'auxiliaires de votre espèce ? Tous les intérêts, quels qu'ils soient, sont égaux à ses yeux; il est leur seul protecteur légitime, leur protecteur universel, et c'est l'outrager que de soutenir qu'il en est qui ont besoin d'une protection plus spéciale ; comme c'est outrager la raison que de prétendre, qu'à la suite d'une révolution, il faut fouiller dans le limon qu'elle a déposé dans son cours pour y chercher des élémens de restauration; et qu'enfin, pour la terminer, il ne faut employer que les hommes qui, restés fidèles à ses principes, s'étant vautrés dans son bourbier, s'en sont inéffaçablement souillés, et ont juré de ne pas démordre d'une seule de ses erreurs.

Jettons un coup–d'œil sur ces intérêts si prétentieux (1), pour les-

---

(1) Il y a de quoi gémir, à voir que c'est au nom de ces intérêts, qu'on nourrit encore nos inquiétudes! si ceux qui en font tant de bruit étoient de bonnefoi, ne devroient-ils pas, plutôt essayer, en n'en parlant jamais, de faire perdre de vue à la Nation, que ce sont précisément ceux de ces intérêts auxquels il a fallu sacrifier les considérations les plus respectables, qui, seuls, lui ont attiré tous les fléaux dont elle est accablée ? Que pour eux seuls, on a exaspéré le cœur de nos soldats, égaré leur raison, et corrompu l'instinct du véritable honneur? Qu'enfin, c'est pour eux seuls qu'elle a à supporter cette contribution de guerre, cause unique de tous ses embarras!... Si j'appuyois trop là-dessus, je ferois, contre mon intention, saigner cette plaie trop sensible, et nos brouillons m'accuseroient de sonner le tocsin, comme ils disent, tandis que ce sont eux qui le sonnent véritablement par

quels vous demandez , avec une assurance imperturbable , le sacrifice du simple sens commun ; de ce sens commun dont vous—

---

leurs feintes frayeurs… Je n'en dirai pas davantage. Si leur peur est sincère , ce qui
me paroît impossible , je me borne à leur conseiller d'imiter l'honnête Sosie , et
de chanter , comme lui , *pour faire semblant d'assurance.* C'est le parti qui leur
offre le plus de sûreté…. On m'apporte , au moment d'envoyer cette note à mon
imprimeur , un opuscule , dont une page ouverte au hasard a piqué ma curiosité ,
plus que le titre , que je n'ai pu comprendre. Je l'ai lu , et j'ai regretté d'être un peu
trop pressé pour m'escrimer un peu avec son auteur , M. L. G. J. M. Bénaben.
Il vise à la profondeur , au trait , à la plaisanterie et , d'un ton de régent toujours sûr de son fait , il gourmande MM. de Châteaubriand , Fiévée et Sesmaisons ,
avec la politesse et la force de raisonnement qui caractérisèrent de tout temps les
adeptes révolutionnaires.

Ce n'est pas qu'il ait toujours tort , dans le fond.

Il nie que l'initiative des lois doive être donnée aux Chambres , et je ne puis
qu'être de cet avis. Ce qui m'étonneroit , si Montaigne ne m'avoit pas averti que ,
dans les disputes publiques , ON CONCLUD SOUVENT CONTRE SOI-MÊME , ce seroit
de voir une opinion si dangereuse , si hérétique en royalisme , si orthodoxe en ré-
publicanisme , soutenue par M. de Châteaubriand , et combattue par M. Benaben.

Il trouve aussi que 250 Députés nous suffisent au lieu de 400 ; et il va jusqu'à
dire qu'il se contenteroit d'une centaine de SULLY , si nous étions assez heureux
pour les trouver. Non-seulement je me donnerai bien de garde de CONCLURE
CONTRE MOI-MÊME , en le querellant là-dessus ; mais encore je lui déclare que
j'irois beaucoup plus loin que lui à cet égard , si telle étoit la rareté des hommes
d'une telle valeur , qu'on n'en trouvât qu'une douzaine et même moins.

Je ne le suivrai pas dans ses déclamations , dans ses divagations , qui ne vous laissent rien dans la tête : et comme il faut que je le quitte , je me bornerai à donner
un échantillon du stile sautillant dont il brillante ses idées , et colore la solidité de
son jugement.

Page 18, après avoir enseigné à M. de Châteaubriand , *qu'amnistie* vient d'un
mot grec qui signifie , *je pardonne ou j'oublie* , et lui avoir appris ce que c'est
qu'une *métalepse* , il lui apprend aussi « *qu'on procède DE L'OUBLI AU PARDON,
et non pas DU PARDON A L'OUBLI.* M. de Châteaubriand , qui , bien certainementt
n'a pas besoin de moi pour combattre un tel adversaire , et qui lui répondroit
mille fois mieux que je ne saurois le faire , me permettra de faire justice de cette

mêmes écoutiez les conseils lorsque, fiers républicains , vous ne vous borniez pas à exclure les royalistes de tous les emplois, ou lorsque , favoris d'un usurpateur, vous lui auriez donné un Bourbonniste à dévorer, plutôt que de le lui proposer pour une place.

L'inviolabilité des ventes des biens nationaux, la confirmation de la destruction de la féodalité, de la dixme, et de l'abolition de toute espèce de privilège; le maintien de quelques propositions métaphysiques qui tiennent le haut bout dans le Chapelet de ce que vous appelez les idées libérales; voilà , je crois, tout ce qui vous tient à cœur, tout ce que, du moins, vous osez avouer , tout ce qui, enfin, occasionne le grand fracas que vous faites , depuis quelques mois, au nom, déjà usé, des intérêts révolutionnaires.

Sérieusement, vous seriez vous flattés d'avoir persuadé à quelqu'un ayant la plus foible dose possible de bon sens, que les cris que vous avez poussés contre de prétendues atteintes portées à de si belles et bonnes choses, aient été l'expression d'une crainte réelle et fondée de vous en voir privés ?

Détrompez-vous. Personne n'a été votre dupe.

Si des malheureux, mourant de faim à la porte de leurs hôtels habités par de nouveaux maîtres, ont parlé de leurs anciens droits, qui, dans le temps, avoient aussi quelque réalité , et méritoient que vous eussiez songé à leur défense; s'ils ont manifesté des regrets, quelques-uns même des espérances ; si quelque tête vide, ayant retrouvé le noble manoir de ses pères, y a reparu affichant des prétentions proscrites à jamais par nos lois ; en pouviez-vous conclure que les acquéreurs des domaines nationaux étoient en dan-

---

absurdité débitée à la manière des géomètres. On ne *pardonne* pas parce qu'on *oublie*; car, du moment que la mémoire reviendroit, on pourroit ne pas *pardonner*; mais *on oublie* , parce *qu'on a pardonné*, et alors *le pardon* reste indépendant de la mémoire de celui qui l'a accordé. Il est clair que M. Benaben a dit tout le contraire de ce qu'il falloit dire.

ger de se voir dépouillés de leurs propriétés garanties par la Charte, et que nos paysans alloient infailliblement retomber sous le joug de la glèbe que cette même Charte a brisé?

Hypocrites déclamateurs, vous ne l'avez pas cru vous-mêmes ! Vous avez bien senti qu'il étoit impossible que, dans une foule si considérable d'anciens propriétaires rentrés dans leur patrie, couverts du manteau troué de Bias, ou portant la besace de Diogène, il ne se trouvât pas quelques imprudens, quelques insensés qui n'eussent pas réfléchi aux conséquences inévitables d'une révolution qui a tout renversé, tout détruit, tout bouleversé, et à la suite de laquelle le *statu quo*, à l'égard des propriétés, seul objet sur lequel la loi puisse avoir quelque prise, devoit nécessairement être le premier article de l'évangile de la restauration.

Ces plaintes isolées, ces tentatives individuelles, ces menaces même, si vous voulez, qui ont pu éclater sur quelques points, méritoient-elles l'importance que vous avez voulu leur donner? En avons-nous donné une semblable aux imprudences bien plus sérieuses de ceux de vos élèves qui ont vociféré, à leur manière, c'est-à-dire, en énergumènes, en faveur de Buonaparte ou de ce qui l'avoit précédé, ou de ce qu'ils voudroient après lui ? Avons-nous conclu, des folies dangereuses de ces têtes mal-saines, que tels étoient tous ceux qui avoient appartenu de près ou de loin à la révolution ; qu'il falloit les écarter sans exception ; et que, n'ayant plus aujourd'hui à protéger que des intérêts royaux, il falloit n'en confier la protection qu'à des royalistes ?

L'autorité municipale, l'autorité administrative, l'autorité judiciaire, la force armée, les Ministres, les Chambres, le Roi n'ont jamais varié dans leurs dispositions à maintenir les garanties que renferme la Charte ; et toutes les fois qu'une voix s'est élevée pour exprimer, à cet égard, l'ombre d'un doute, de toutes parts ces dispositions ont été confirmées par la protestation la plus énergique qu'elles ne varieroient jamais. Que vous faut-il encore de plus?

Cette variation est impossible. N'attendez pas que je vous concède qu'ainsi l'exige la justice. La justice a été couverte d'un voile lorsque le Roi , au nom de la patrie , a demandé à ses fidèles compagnons d'exil le sacrifice de leurs anciens droits , et a stipulé pour eux ce sacrifice dans sa Charte , qui sera immortelle, malgré vos interprétations imprudentes qui ne cessent de la défigurer de moment en moment.

Cette variation est impossible , je le répète. JAMAIS LES ÉMIGRÉS NE RENTRERONT DANS LEURS DOMAINES A TITRE DE RESTITUTION (1), JAMAIS ILS NE RECOUVRERONT L'EXERCICE DE LEURS DROITS FÉODAUX (2) , etc., vous en êtes sûrs comme moi ; eux—mêmes s'y sont résignés ; leur sacrifice irrévocable est fait sans retour , sans remède ; je ne dirai pas sans regret , cela est impossible ; mais c'est précisément par cela même qu'il est plus méritoire ! Pour quoi donc, pour toute récompense , vous obstineriez—vous à les confondre en masse avec quelques cerveaux malades qui n'ont pu avaler ce calice amer sans se plaindre , et pourquoi leur disputeriez—vous la seule consolation qui leur reste , celle de voir leur Roi, auprès duquel vous les calomniez en lâches , payer leur docilité d'un regard de satisfaction ?

Ce produit malheureux des révolutions, ce sort des émigrés rentrés dans leur patrie ; après qu'une violente et longue commotion a transporté leurs propriétés à d'autres mains , fut le même , en tout temps et chez tous les peuples. Complice, malgré moi, par le consentement réfléchi et irrévocable que j'y donnai publiquement dès avant la restauration , complice, dis—je , malgré moi, de ce crime de la politique , je me soulagerai de la pitié pénible que les effets de ce crime

---

(1) Si leurs acquéreurs étoient sages , comme le calme renaîtroit bientôt et pour toujours !… M. Benaben en a bien touché quelque chose ; et, sous ce point de vue, sa brochure est de quelque prix. Un tel conseil doit avoir du poids à leurs yeux dans une telle bouche.

(2) Ceci est absolu. Nulle transaction à cet égard n'est possible.

m'inspirent , d'un côté, en donnant aux malheureux qui en sont les victimes , de nouveaux motifs d'adorer avec respect la sagesse du Roi , qui leur fit un devoir de l'héroïque résignation à laquelle ils se sont soumis ; de l'autre, en fournissant aux Dom Quichottes des intérêts révolutionnaires, un gage historique de l'inanité de leurs craintes frivoles ; et enfin en me procurant à moi-même la consolation d'absoudre mon pays d'avoir donné , le premier , l'exemple d'immoler l'honnête à l'utile, et la justice à la raison d'État.

Nabis , tyran de Sparte , avoit soulevé contre lui, par sa violence et ses caprices , les premiers citoyens de sa ville. Ceux-ci prirent les armes ; et, trop foibles pour tirer par eux-mêmes vengeance des mauvais traitemens du tyran, ils s'unirent aux Romains, qui alors se disputoient, avec Antiochus uni à Annibal, la domination de la Grèce.

Allié d'Antiochus, Nabis se vit assiégé et vaincu par les Romains aidés des émigrés de Sparte ; et malgré les services que ces émigrés avoient rendus pendant le siége , la première clause du traité que le consul de Rome dicta au tyran, porta qu'ils ne rentreroient plus dans leur patrie, d'où ils se virent à jamais exclus, *à cause des désordres dont leur rappel seroit suivi*, LEURS BIENS , LEURS FEMMES MÊMES , AYANT DE NOUVEAUX MAITRES ET DE NOUVEAUX MARIS.

Plus heureux que ces Spartiates, nos Français émigrés ont revu leur patrie. Pour être juste à leur égard , il faut leur savoir gré de la sage modération qui, généralement parlant, a caractérisé leur conduite; mais que doit-on penser de cette tactique tortueuse qui, dans la vente de leurs domaines, veut trouver, comme à Sparte , la source du désordre dont elle a besoin pour donner quelque consistance à ses clameurs perfides, et, impatiente d'en jouir, cherche à le fomenter par la crainte , ne pouvant l'obtenir du regret?

Arrêtons-nous. Tout est calomnieux, et la France le sait, dans les accusations à l'aide desquelles on espère assurer, étendre, éterniser la domination des hommes de la révolution, sous prétexte de protéger les intérêts révolutionnaires (1). Il faut abandonner ce dangereux, cet effrayant système, auquel seul se rattache l'inquiétude qui semble se répandre dans toutes les classes, étonnées, effrayées d'entendre encore parler de parti qui triomphe, de parti qu'on opprime, ce qui suppose la possibilité d'un triomphe opposé, et, par conséquent, fait craindre que la restauration n'ait, comme la révolution, des balancemens, des oscillations funestes au repos du peuple. Il faut adopter fixément un système qui coupe court à cet état pénible; il faut que le Gouvernement se crée un but distinct, un but visible à tous les yeux. Quel que soit ce but, telle est la confiance qu'inspire à tous la sagesse du Roi, que, si l'on y marche sans détour, toute inquiétude cessera : la présence des mêmes hommes voulant également l'atteindre, employant les mêmes moyens, professant les mêmes principes, ayant les mêmes intentions, suffira pour tout rassurer, les imaginations s'appaiseront, les craintes d'un changement que suivroit un changemenr contraire, ainsi de suite à l'infini, se dissiperont promptement; le calme renaîtra, il ne restera plus que le sentiment de notre douloureuse position, et celui de la nécessité de nous en affranchir par un généreux sacrifice, plutôt que d'en prolonger et d'en augmenter

---

(2) Toute notre dispute est là. Divaguez à votre aise ; singez la profoudeur ; donnez-nous la caricature de la plaisanterie : je ramène tout à cette seule prétention, que vous ne pouvez soutenir que par des détours maladroits, qui compromettent (réfléchissez bien à cela) ceux-là même que vous avez l'air de défendre. Prenez-garde qu'ils ne devinent que leurs intérêts ne sont dans votre bouche, qu'un prétexte pour couvrir votre turbulence, et qu'en conséquence, ils ne vous sachent très-mauvais gré de vous constituer leurs avocats, tandis qu'ils n'ont point de procès, et qu'ils ne sentent que vous seuls les mettez en danger d'en avoir, si cela étoit possible, en réveillant, (passez-moi ce terme vulgaire, mais à la portée de tous les esprits), en réveillant le chat qui dort.

la souffrance en acceptant le secours ruineux que nous offrent des étrangers.

Je vais essayer d'offrir au Roi, aux ministres et aux deux chambres, un moyen de suppléer ce secours dangereux; je vais présenter aux Français une occasion de déployer, à la face de toute l'Europe, le plus noble patriotisme. Puissé-je ne pas me tromper en me flattant que mon zèle ne s'aveugle pas sur l'utilité du plan que j'ai conçu!

Pour atteindre, s'il m'est possible, toute la concision que mon sujet peut comporter, j'aborde brusquement les propositions que j'ai à faire. Leur justification sortira des explications que je donnerai successivement et des développemens qui devront servir de base au projet de loi que cet écrit a pour objet de provoquer (1).

Je ne me permettrai qu'une courte, mais importante observation préliminaire.

Nous payons aujourd'hui les folies du passé. Il est impossible que nous n'appellions l'avenir à notre aide pour porter ce fardeau trop lourd; c'est-à-dire que, sans un emprunt, le Gouvernement ne sauroit trouver, par les voies ordinaires, les moyens de suffire aux besoins actuels de l'État.

Au sein même de la détresse dont elle paroît oppressée, la France est celle des grandes puissances de l'Europe (2) qui est le plus

---

(1) J'aurois pu donner ce Projet de loi. Mais j'ai si peu de temps! il m'a paru suffisant d'en présenter les bases.

(2) Comme nous, elles manquent d'argent. Plus elles nous en enlèvent, plus il se raréfie chez elles. Elles devroient y réfléchir. Ce phénomène a une cause. Si, par hasard, les capitalistes de tous les pays, calculant les conséquences possibles de la détresse où l'on n'a pas craint de condamner la France, ne s'occupoient que du soin d'accaparer l'or et l'argent que la circulation ramène dans leurs mains, dans la crainte... je ne saurois achever de rendre mon idée..... Il seroit singulier

en état de s'affranchir de ce fléau, né des théories audacieuses qui, depuis moins d'un siècle, ont érigé en principe de vie le vice le plus destructeur de la prospérité des empires : UNE DETTE PU-BLIQUE ET UN PAPIER-MONNOIE.

Un papier-monnoie, qu'elle ne pourroit supporter, n'existe pas heureusement chez elle ; et sa dette publique ne s'élève guères à plus de deux milliards de capital, ce qui n'est rien comparativement avec l'Autriche, la Prusse, la Russie et sur-tout l'Angleterre, qui sont loin de la facilité que nous trouverons en nous-mêmes pour en secouer l'incommode fardeau, sans recourir à la banqueroute, dernier asile des états qui, chaque année, par des emprunts, consomment des capitaux comme des revenus.

C'est à regret que je vais proposer de marcher aujourd'hui sur leurs traces : mais jamais position ne fut comparable à la notre ; il faut donc, dans un moment si difficile, si extraordinaire, chercher dans un moyen extraordinaire le moyen de sortir de l'embarras où nous nous trouvons.

En thèse générale, un théorème incontestable, en finances, c'est que les règles qui doivent administrer la fortune publique ne diffé-rent en rien de celles qui dirigent et conservent les fortunes parti-culières ; et comme des dettes sont radicalement destructives de celles-ci, elles le sont aussi de celle-là. Toute apparence contraire n'est qu'une illusion ou qu'un charlatanisme.

Mais un riche particulier qui éprouve subitement un grand dé-sastre, a recours aux emprunts pour le réparer ; et, s'il est sage, il prend en même temps sur l'avenir, par un retranchement annuel fait à son revenu, les moyens de se remettre à son niveau. S'il n'a

que l'Europe, en y regardant de près, fût aussi intéressée que la France elle-même, et plus encore qu'elle, s'il est possible, à modérer l'action de cette pompe aspirante qui nous épuise sans cesse, mais qui ne sauroit aller jusqu'à nous enlever la force d'un instant de délire, ou l'énergie du désespoir !

pas cette prévoyance, il empruntera d'année en année, et finira par n'avoir plus rien.

Forcés aujourd'hui, après un grand désastre, d'anticiper aussi sur l'avenir, déclarons hautement que nous considérons les emprunts comme le remède le plus dangereux auquel on puisse recourir; mais, puisque nous ne pouvons éviter d'employer ce remède, prenons de telles précautions, d'abord en faveur des prêteurs, et ensuite contre la tentative d'abuser d'une telle ressource, que, d'une part, la sûreté du remboursement inspire une telle confiance que nous obtenions, aux conditions que nous ferons nous-mêmes, l'argent dont nous avons besoin, et que, de l'autre, le public demeure certain que le système des emprunts ne prendra pas racine dans notre constitution financière.

600 millions, environ, doivent être considérés comme la mesure commune des besoins ordinaires de la France, administrée avec sagesse et soulagée de la turbulente et funeste manie des entreprises gigantesques, qui poussent hors du bonheur et conduisent à leur ruine les peuples qui, prenant le bruit pour la gloire, ont le malheur de se laisser séduire par le faux et passager éclat qui s'y attache quelquefois.

600 millions sont loin d'être, pour elle, un lourd fardeau, sont bien au-dessous de ce que lui imposèrent, sans l'énerver, sans la décourager, sans exciter de sa part le moindre murmure, les Gouvernemens qui précédèrent la restauration; et, s'il arrivoit une époque où de plus grands efforts lui fussent commandés *pour faire respecter sa dignité et son indépendance*, une époque où elle eût *à donner à l'auguste maison de Bourbon une preuve de son dévouement*, vainement méconnu et calomnié par quelques cerveaux incurables qui caressent encore les plus folles chimères, et qui, n'ayant pu se débarrasser de leurs vieilles idées, s'imaginent que, partout, on pense comme eux; il est plus que certain qu'on obtiendroit la preuve que ce n'est pas là le maximum de ses efforts possibles.

Or, 600 millions supposent un revenu, soit territorial, soit industriel, d'au moins 3 milliards; et 3 milliards de revenu, représentent un capital d'au moins 60 milliards; ce qui, j'ose le dire, est au-dessous de la réalité; car, en ne supposant en France que 25 millions d'habitans, cette base réduit à 2,400 francs le capital individuel de chacun d'eux (1), et ressuscite l'homme aux 40 écus : or, nous sommes loin de l'époque où Voltaire s'amusoit ou nous amusoit de cette rêverie.

J'admets toutefois cette base; et je me demande ce que c'est, pour la France, comparativement à tout le reste de l'Europe, que sa dette publique, qui ne s'élève en ce moment peut-être pas à 2 milliards, c'est-à-dire aux deux tiers, environ, d'une année de son revenu ?

Ma proposition tend à l'augmenter de 729 millions, mais cette addition à la dette déjà constituée, ne sera pas permanente comme celle-ci, elle aura son mode d'extinction à part, et, dans un temps précis, elle sera entièrement éteinte.

JE PROPOSE de détacher la Caisse d'Amortissement de toute dépendance du Ministère des Finances, et d'en former, jusqu'au parfait remboursement de l'emprunt dont je vais préciser les bases, un Ministère à part, sous le titre de MINISTÈRE DU CRÉDIT PUBLIC.

Ce Ministère aura l'administration des Forêts, dont le revenu sera exclusivement affecté à l'extinction de la dette publique constituée, et au remboursement de l'emprunt actuel.

Il recevra une assignation, sur les produits des contributions directes, pour la somme qui devra compléter, avec le produit des forêts, celle qui doit faire face à la double extinction confiée à ses soins.

---

(1) Ce capital individuel comprend ce qu'a coûté, à chacun, l'état qu'il exerce, et dont il tire son revenu; comme il se compose, pour le propriétaire, de sa terre qui le nourrit.

Le Ministre du crédit public aura auprès de lui un conseil composé de deux membres de la Chambre des Pairs, de deux membres de la Chambre des Députés, nommés par le Roi, sur une liste triple de présentation, et de cinq Actionnaires de l'emprunt actuel, qui y serviront par semestre, et seront appelés à tour de rôle, ainsi qu'il sera expliqué ci-après.

Les états de recette seront mis sous les yeux du Conseil, de semaine en semaine, et les bordereaux des dépenses à faire lui seront présentés pour être par lui revêtus de son approbation. Tout paiement fait sans cette approbation, est interdit à peine de forfaiture, et sera rejeté du compte que le Ministre rendra en personne, chaque année, à la Chambre des Députés ainsi qu'à la Chambre des Pairs, en présence de son conseil.

Nulle dépense étrangère à l'extinction de la dette publique, au paiement des intérêts, au remboursement de l'emprunt actuel et aux frais d'administration du Ministère, ne pourra avoir lieu, en aucun cas et sous aucun prétexte, de telle sorte que nulle circonstance quelconque ne puisse nuire aux paiemens à faire aux Actionnaires de l'emprunt, aux époques fixes qui seront déterminées par la loi qui le constituera

Le Ministre et tous les Membres du conseil prêteront serment entre les mains du Roi, en audience solennelle, de remplir avec fidelité les fonctions qui leur sont confiées, et de ne jamais faire aucune proposition, ni obéir à aucun ordre qui, directement ou indirectement, pût détourner de leur destination sacrée et inviolable, les fonds de la caisse du Ministère du crédit public.

La loi qui constituera l'emprunt, créera 729 mille billets au porteur, de 1000 francs chacun, payables à la Caisse du crédit public, et portant l'intérêt de 5 pour 100 par an, jusques à leur remboursement, auquel ils seront successivement appelés de trimestre en trimestre.

Pour écarter tout arbitraire, toute possibilité de faveur, rien ne sera laissé aux hommes, dans le choix des parties à rembourser ; tout est donné au sort qui, par des moyens existans, et, par conséquent, non couteux, fera connoître sa volonté.

La loterie de Paris et celle de Lyon seront le guide aveugle, mais, par cela même, l'arbitre impartial des remboursemens.

Les 729 mille billets au porteur, seront divisés en 90 sections, qui seront appelées au remboursement, d'abord de trimestre en trimestre, et ensuite aux époques qui seront déterminées par le conseil du Ministère, au fur et à mesure que l'économie des intérêts, résultante des remboursemens effectués, permettra d'appeler une section de plus à ces mêmes remboursemens.

Chaque section comprendra 90 séries qui, numérotées depuis 1 jusqu'à 90, comme le seront les sections, auront, chacune, leur registre de souche, d'où seront détachés les billets au porteur.

Chaque série, à son tour, comprendra 90 billets au porteur.

Les 729 mille billets seront répartis à chaque département dans des proportions convenables, d'après un état de répartition dressé par le Ministre des Finances, et annexé au projet de loi.

Aussitôt que l'organisation du Ministère du crédit public et la confection de ses billets, au porteur seront opérées, ces billets seront adressés aux Préfets des départemens, conformément à l'état de répartition ci-dessus ;

Immédiatement, tous les Citoyens de leurs départemens seront invités à souscrire aux bureaux des Receveurs généraux ou d'arrondissement pour le nombre de ces billets que chacun d'eux voudra acquérir. La souscription restera ouverte pendant deux mois, à compter du jour de la publication de son ouverture.

Pendant cet intervalle, les Receveurs et Payeurs généraux et particuliers, seront admis à demander aux Préfets, sur récépissé, le nombre de billets qu'ils croiront pouvoir négocier ou employer en paiement de leurs transactions journalières. Ils pourront recevoir t donner en échange au Ministère des Finances, des effets de commerce revêtus de trois signatures solvables, non compris la leur.

Après la clôture de la souscription, les préfets dresseront l'état des souscripteurs et du nombre de billets pour lequel chacun d'eux aura souscrit, en classant les souscriptions par ordre de dates.

Si la souscription dépasse le nombre de billets affectés au département, les premiers souscripteurs seront préférés. Les derniers resteront en expectative d'obtenir des billets pris sur ceux affectés à d'autres départemens qui n'auroient pas complété la souscription des leurs.

Ces états seront immédiatement adressés au Ministre du crédit public, lequel fera opérer les reversemens que leur résultat comparatif permettra d'ordonner pour satisfaire aux souscripteurs demeurés en expectative dans les départemens qui se trouveront dans ce cas.

Cette opération terminée et le nombre des billets restant libres, dans chaque département, étant constaté, chaque Préfet dressera la liste des principaux propriétaires, manufacturiers, commerçans et rentiers ou pensionnaires de l'état de son département, et celle de tous les salariés des administrations publiques, soit royales, soit municipales, ou autres[, dont les traitemens annuels, fixes ou variables, s'éléveront au minimum de 2,000 fr.

Il répartira sur ces listes, avec le concours du Conseil de Préfecture, le nombre des billets restés libres, en proportion des moyens personnels et des charges de chacun de ceux qui y seront inscrits (1).

____

(1) Pourroit-on se faire une idée de ce qu'il en a coûté à un nombre innombrable de familles, pour acheter des remplaçans ou pour équiper des vélites, des voltigeurs, des gardes-d'honneur, etc., qu'elles ont eu la douleur de voir revenir à elles, imbus des faux principes qui nous tourmentent encore aujourd'hui? Et conçoit-on que ces mêmes sacrifices qu'elles ont faits alors sans se plaindre, au profit d'un ordre de choses qu'elles abhorroient, elles ne les feront pas avec joie pour en empêcher le retour, consolider le Gouvernement qu'elles chérissent, et rendre le calme à la Patrie?

Encore que la certitude du remboursement de ces billets et les avantages qui y sont attachés ne permettent pas de considérer leur acquisition comme une charge , ils apporteront à cette répartition l'esprit de justice le plus scrupuleux, soit pour la facilité du recouvrement , soit pour imprimer à cette opération un caractère d'impartialité qui prévienne toute espèce de réclamation.

Le Ministre des Finances aura le droit, tant que les souscriptions resteront ouvertes dans les départemens , et jusques à ce que la répartition des billets restés libres ait été arrêtée définitivement par les Préfets , de traiter , pour un nombre indéterminé de ces billets , avec tous capitalistes , soit nationaux , soit étrangers , qui désireront en acquérir directement de lui, et de stipuler, en conséquence , ce qu'il trouvera convenable pour les conditions du payement qui en sera fait au Trésor Royal. Le Ministre du crédit public mettra à cet effet à sa disposition le nombre de billets qui seront ainsi négociés , et les rappellera des mains des Préfets des départemens dans la proportion de ce qui sera affecté à chacun d'eux par l'état légal de répartition.

Il est accordé une remise d'un pour 100 sur le montant des billets qui seront acquis , soit par voie de souscription libre , aux Bureaux des Receveurs des contributions directes , soit par voie de négociation directe avec le Ministère des Finances.

La délivrance des billets n'aura lieu qu'après l'entier paiement du capital qu'ils représentent ; leur intérêt courra du jour de la date de leur acquisition, laquelle sera mentionnée sur lesdits billets.

Pour tenir lieu de ces billets à ceux qui n'en auront pas complété le paiement, il leur sera délivré un bulletin cumulatif et nominatif , lequel, outre la quittance du premier paiement qu'ils auront effectué , portera l'indication des époques auxquelles ils pourront se présenter à la Caisse du crédit public , pour toucher les intérêts à 5 pour 100 par an, du capital par eux souscrit : ce même bulletin servira ensuite à constater les paiemens subséquens, jusqu'au dernier, formant le solde, après lequel solde payé, le porteur de ces bulletins pourra se faire délivrer les billets du Ministère du crédit public, y énoncés par leurs numéros de section, de série et d'ordre, avec indication du bureau où ils sont restés en dépôt.

Les bulletins ainsi rapportés, seront envoyés au Ministère du crédit public pour y être biffés et déposés dans ses archives.

Le paiement des billets sera effectué, au choix de ceux qui les auront acquis, des deux manières suivantes, savoir :

En espèces ou en effets de commerce à la satisfaction des Receveurs généraux qui les endosseront, et pour la somme entière de 1,000 francs, auquel cas, il sera fait au prêteur une remise de 2 pour 100 :

Ou bien en trois paiemens consécutifs, d'année en année, dont le premier, de 300 francs en espèces ou effets de commerce à satisfaction, pour chaque billet, sera effectué le jour de la remise du bulletin cumulatif et nominatif ci-devant mentionné ; pour le second et le troisième, qui seront de 350 francs chacun, le prêteur pourra fournir, en recevant ce bulletin, ses obligations payables, l'une dans un an, l'autre dans deux ans, à compter de sa date, en y ajoutant ce qu'il se trouvera devoir, d'après décompte fait, pour les intérêts du retard, attendu que les intérêts du capital courront, et lui seront payés du jour de la date de ce bulletin.

Les deux Ministres des Finances et du Crédit public, s'entendront entre eux sur le mode de constater ces intérêts, dont le premier tiendra compte au second aux époques et de la manière qu'ils détermineront d'un commun accord.

Aussitôt que le placement des billets sera opéré en entier dans un département, le Préfet convoquera auprès de lui les cinquante plus forts prêteurs, et présidera à la nomination qu'ils feront de six Syndics pris parmi tous les prêteurs du département, et désignés par scrutin de liste, à la majorité de 26 voix au moins.

Ces Syndics prendront rang dans l'ordre qui sera fixé par le nombre relatif des voix, et, à égalité, par l'Assemblée.

Ils seront, à tour de rôle et selon leur rang, appelés par le sort ainsi qu'il sera dit ci-après, à être membres du Conseil du Ministère du crédit public.

Le service de chaque Syndic, comme membre de ce Conseil, sera de six mois, pendant lesquels il recevra, pour indemnité de frais de route, séjour et retour, une somme de 6.000 francs payable par sixième, de mois en mois, à la Caisse du Ministère.

Les 5 numéros sortis chaque année aux 1er. tirages de décembre et de juin, à la loterie de Paris, désigneront les numéros des départemens, dont les Syndics de service, suivant leur tour de rôle, devront entrer en exercice le 1er. janvier et le 1er. juillet suivans. Dans le cas où ces numéros désigneroient des départemens qui n'existent pas (1), les départemens restant à désigner, le seroient par les premiers numéros significatifs du tirage suivant, à la même loterie de Paris. La répétition du numéro d'un département, dont le Syndic se trouve en exercice, continue son droit à cette surveillance ; mais le Syndic qui a servi 6 mois, est remplacé par celui de ses collègues qui, par son tour de rôle, est appelé à lui succéder.

Jusqu'à ce que les cinq syndics des départemens soient réunis, les Commissaires de la Chambre des Pairs et de celle des Députés, au nombre de deux pour chaque Chambre, entreront en fonctions provisoires auprès du Ministre du crédit public, dès le jour de son installation, en qualité de Membres du Conseil.

Ils seront renouvelés à chaque session des deux Chambres, serviront, sans interruption, dans l'intervalle de l'une à l'autre, et rece-

---

(1) Nous n'avons pas 90 départemens ; et comme la roue de la loterie renferme 90 numéros, il a fallu prévoir le cas de la sortie des numéros qui correspondent à des départemens non existans.

vront, chacun, une indemnité à raison de douze mille francs par an, payable par mois.

Les opérations du Ministère du crédit public commenceront immédiatement après son installation, et seront, tant pour les recettes que pour les dépenses, soumises à l'inspection du Conseil, lequel, outre l'approbation nécessaire que le Ministre doit obtenir pour toutes ces dépenses, aura le droit d'inspecter, dans tous ses détails, l'administration des forêts confiée à ce ministère, et la régularité de la rentrée des sommes qui lui seront assignées sur les contributions directes, pour compléter sa dotation.

Le remboursement des billets du ministère du crédit public s'effectuera de trois mois en trois mois, par section composée de 8,100 billets ou de 90 séries comprenant chacune 90 billets, ce qui portera le remboursement à 8,100,000 francs par trimestre, et à 32,400,000 francs par an.

Les porteurs des billets remboursés seront, en même tems, soldés des intérêts courus depuis le dernier paiement qui en aura été fait, jusqu'au jour du tirage qui aura appelé le billet au remboursement.

Les premiers numéros sortis à la loterie de Paris aux premiers tirages de janvier, avril, juillet et octobre de chaque année, désigneront, chacun, le numéro de la section qui sera appelée au remboursement pour le trimestre alors échu.

Lorsque ces tirages désigneront des sections déjà remboursées, les numéros simples seront augmentés d'un zéro, pour former un nouveau numéro qui désignera la section appelée; les numéros terminés par un zéro ou formés d'un chiffre redoublé, seront comptés par leur premier chiffre; les numéros composés, enfin, seront renversés ou lus de droite à gauche, pour opérer le même résultat. Exemple. Soient supposés sortis au premier tirage de la loterie de

Paris , à l'une des époques prescrites ; et soient supposées aussi déja remboursées les sections portant les n°s. 3 , 40 , 55 , 27 ,

Il faudra lire. . . . . 30 , 4 , 5 , 72.

S'il arrive que cette transformation reproduise des numéros de sections déjà également remboursées , le deuxième , et au besoin le troisième tirages suivant de la loterie de Paris , etc. , suppléeront aux désignations non significatives des précédens tirages , jusqu'à ce qu'enfin un numéro de section non remboursée ait été obtenu.

Lorsque , par l'accumulation des intérêts amortis par le remboursement des billets , la Caisse du Ministère du crédit public se trouvera en mesure de rembourser une ou plusieurs sections de chacune 8,100,000 francs , en sus de celle qu'elle sera tenue de rembourser chaque trimestre , le Conseil en autorisera le remboursement sur la proposition du Ministre , un mois avant les premiers tirages de la loterie de Lyon , pour les mois de janvier , avril , juillet et octobre , lesquels tirages désigneront les sections qui auront droit supplémentairement à être remboursées. Il sera procédé de la même manière qu'il à été précédemment prescrit pour les mêmes tirages de la loterie de Paris.

Y ayant lieu à rembourser supplémentairement deux sections , au lieu d'une (1) , la désignation en sera faite par le premier numéro significatif qui suivra , à la loterie royale de Paris , le numéro de la série appelée de droit , en vertu de la loi , pour le trimestre alors courant.

Il sera distribué par la voie du sort , pendant les six premières années , à compter du deuxième trimestre de 1817 , aux porteurs des billets de la Caisse du Ministère du crédit public , et à la fin de

---

(1) Cela arrivera deux fois pendant les 14 ans que doit durer l'opération du remboursement total de l'emprunt ; au deuxième trimestre de l'année 1829 , et au deuxième trimestre de celle de 1830. Voyez le tableau annexé à cet écrit.

chaque mois, une somme de 600,000 francs répartie en 10 lots gagnans, ce qui produit 30 gagnans par trimestre, et 120 par an.

Il y a cinq classes de numéros gagnans.

La 1re. a deux lots de chacun	100,000 fr.		200,000 fr.
La 2e. idem. de	idem.	80,000 fr.		160,000 fr.
La 3e. idem. de	idem.	60,000 fr.		120,000 fr.
La 4e. idem- de	idem.	40,000 fr.		80,000 fr.
La 5e. idem. de	idem.	20,000 fr.		40,000 fr.
		Total par mois. . . .		600,000 fr.

Ces lots sont payables à Paris, à la Caisse du Ministère, sur la
seule présentation des billets au porteur, lesquels sont rendus à
leur propriétaire après qu'il a quittancé par émargement l'état des
lots gagnans.

Le billet favorisé par le sort peut l'être de nouveau à chacun des
tirages qui aura lieu, pendant six ans consécutifs, aux époques et
aux bureaux qui vont être indiqués.

Leurs propriétaires, à l'époque du remboursement qu'ils en re-
cevront, conserveront le même avantage, quoique ayant reçu ce
remboursement, y ayant été appelés par leur numéro de section.
A cet effet, en échange du billet remboursé, il leur sera délivré
un bulletin nominatif de souche, qu'ils devront conserver jusqu'au
remboursement total de l'emprunt, et sur la présentation desquels
ils seront payés des lots qui leur seront échus, en quittançant, par
émargement, l'état des lots gagnans.

Les premiers tirages de chaque mois aux loteries de Lyon et de
Paris, désigneront les lots gagnans ainsi qu'il suit.

PREMIER CLASSEMENT.

Les numéros sortis à Paris indiqueront les sections qui auront droit aux lots à distribuer , et , en outre , les numéros d'ordre des billets qui, dans chaque série , auront gagné un lot. L'ordre de sortie détermine la classe des lots gagnans : le premier numéro sorti gagne le lot de première classe; le deuxième celui de deuxième classe, ainsi de suite.

Les numéros sortis à Lyon désignent, dans chaque section désignée par les numéros sortis à Paris, quelle est la série dont les les billets qui en dépendent sont aptes à être favorisés d'un lot gagnant.

Exemple :

Tirage de Paris.	Tirage de Lyon.
7	41
83	9
21	79
67	14
13	26

Ces deux sorties se combinent ainsi :

Section 7. Série 41. No. du billet 7 lot de 1re. classe.

83.	9.	83	2me.
21.	79.	21	3me.
67.	14.	67	4me.
13.	26.	13	5me.

DEUXIÈME CLASSEMENT.

Les numéros sortis à Lyon, à ce même tirage, désignent à leur tour les sections et les numéros des billets qui , dans les séries qui seront désignées par le tirage de Paris, auront un lot gagnant.

Ainsi, les deux tirages ci-dessus se combinent comme il suit :

Section 41. Série 7. No. du billet 41 lot de 1re. classe.

9.	83.	9	2me.
79.	21.	79	3me.
14.	67.	14	4me.
26.	13.	26	

La réunion des deux classemens produit les dix lots gagnans qui, pendant six ans, c'est-à-dire pendant 72 tirages, doivent avoir lieu tous les mois, et auxquels tout porteur ou propriétaire de billet remboursé ou non, a droit à chaque tirage, si le sort se fixe sur lui.

A l'époque où sera remboursée la dernière section de billets (ce qui clôturera le remboursement de l'emprunt) il sera fait une dernière distribution de lots, à la distribution desquels coopéreront, de la même manière, les deux roues de Paris et de Lyon, par les premiers, deuxièmes et troisièmes tirages, qui auront lieu pendant trois mois consécutifs, à compter du jour qui sera annoncé, par les voies ordinaires, un mois à l'avance, de l'avis du conseil et par les soins du ministre du crédit public (1).

Il y aura, par tirage, 10 billets gagnans, dont 5 par premier classement et cinq par second classement, par conséquent 30 par mois et 90 pour le trimestre de clôture.

Les lots sont divisés en neuf classes, savoir :

1re. Classe.	200,000 fr.	qui seront gagnés par chacun des 10 billets désignés par le premier tirage des roues de Paris et de Lyon.
2me.	140,000	2me. tirage à Paris et à Lyon.
3me.	120,000	3me. *id.*
4me.	90,000	4me. *id.*
5me.	80,000	5me. *id.*
6me.	60,000	6me. *id.*
7me.	50,000	7me. *id.*
8me.	40,000	8me. *id.*
9me.	30,000	9me. *id.*

---

(1) Cette loterie aura lieu pendant le premier trimestre de l'année 1831, c'est-à-dire, à la fin de la quatorzième année, époque à laquelle l'emprunt sera éteint. (Voyez le tableau, à la fin de l'ouvrage.)

Le ministère du crédit public aura l'administration de l'amortissement de la dette publique; mais les opérations y relatives, non plus que la caisse affectée spécialement à cette partie de ses attributions, n'auront rien de commun avec les opérations ni avec la caisse relatives au remboursement de l'emprunt de 729 millions.

A l'époque où le remboursement de cet emprunt sera opéré, ce qui restera libre dans sa caisse spéciale, sera versé dans la caisse de l'ordinaire ou d'amortissement. Le tableau général de cette opération sera imprimé et distribué aux deux Chambres, annexé au projet de loi qui leur sera présenté pour statuer sur la nouvelle dotation à faire à la caisse d'amortissement.

Tant que l'emprunt de 729 millions ne sera pas remboursé, les fonds affectés à l'amortissement ordinaire de la dette inscrite au grand-livre, demeureront réduits à un million par mois.

En conséquence, le ministère du crédit public sera doté, savoir :
Pour remboursement de l'emprunt de 729 millions, lots gagnans, intérêts de cet emprunt, indemnités des membres du conseil et dépenses du ministère...................... 78,000,000 fr.

Pour l'amortissement ordinaire........... 12,000,000

Total, par an...... 90,000,000 fr.

Pour la sûreté des prêteurs des 729 millions remboursables en numéraire, les premiers syndics de service au conseil du ministère du crédit public, accepteront, pour nantissement, devant les notaires des deux ministères des finances et du crédit public, de la part du ministre des finances, au nom du Roi et en vertu des pouvoirs que lui en donnera la loi même constitutive de l'emprunt, le délaissement, comme représentant la masse des prêteurs, des forêts de l'État, lesquelles seront administrées au profit de leur masse, et en leur présence ou celle de leurs successeurs, par le ministre du crédit public.

L'état, par eux vérifié, du produit net de ces forêts, année commune, sera inséré dans l'acte de délaissement, et ce qui manquera, pour parfaire la somme annuelle de 78 millions, pendant 14 années consécutives, sera complété par des assignations annuelles sur les Caisses de dix Receveurs généraux, à leur choix, avec affectation spéciale sur le produit des contributions directes. Lesdites assignations seront distinguées, pour chaque année, et divisées, année par année, en quatre coupons, payables à la fin du deuxième mois de chaque trimestre.

En conséquence de ce délaissement d'une partie des produits des contributions directes, le Ministre des Finances n'emploiera en recette, dans ses Budgets annuels, lesdites contributions, que déduction faite de la portion délaissée aux syndics des Actionnaires de l'emprunt, laquelle portion, par la même raison, ne sera pas employée en dépense dans lesdits Budgets. Les forêts délaissées en nantissement, ne pourront de même figurer dans ces mêmes Budgets que pour mémoire.

Dans le cas où le revenu des forêts produiroit au-delà de l'évaluation portée en l'acte du délaissement qui en aura été fait aux Syndics de l'emprunt, l'excédant serviroit à accélérer d'autant son remboursement (1); par la même raison, en cas d'insuffisance, les Syndics ne pourront exercer un rappel de leur moindre produit, lequel n'auroit d'autre inconvénient, s'il ne s'établissoit une compensation à cet égard d'une année à l'autre, que de retarder de quelques trimestres l'entier remboursement, sans altérer la sûreté, soit

---

(1) Le tableau qui se trouve à la fin de cet écrit, présente le tableau progressif de l'extinction de l'emprunt, et prouve que rien au monde ne peut empêcher que son remboursement total ne soit effectué après quatorze ans. Mais les intérêts qui rentreront au Ministère par le décompte à faire entre le Ministre du Crédit public et celui des Finances, rapprocheront ce terme. Je ne me donne pas le temps d'en faire le calcul; j'estime que ce rapprochement sera d'environ deux ans; ainsi l'emprunt que je propose, se trouveroit éteint en douze ans.

de ce remboursement, soit du service des intérêts, soit enfin de la réalisation effective de tous les avantages acquis aux prêteurs.

Le Roi fera présenter aux deux Chambres, dans la session qui sera ouverte à l'époque de l'extinction totale de l'emprunt, une loi pour statuer sur les opérations subséquentes de l'amortissement de la dette inscrite au Grand-Livre.

Si, à cette époque, on juge convenable de profiter d'une organisation toute faite pour éteindre rapidement cette dette qui, avec la dotation du Ministère du crédit public, seroit totalement éteinte en 16 ou 17 ans, la loi maintiendra ce Ministère et sa dotation : dans le cas contraire, elle rétablira l'ancienne Caisse d'Amortissement, et la fera rentrer dans les attributions du Ministère des Finances, celui du Crédit public demeurant supprimé.

Il a paru inutile de dire, qu'à l'égard du million par mois, affecté à l'Amortissement ordinaire, les deux Ministères prendront entre eux les arrangemens convenables ; toutefois, si on le trouve nécessaire, la loi à rédiger pourra statuer sur cet objet.

Je pourrois donner ici mes vues sur les moyens de classer, dans 14 ans, ce qui restera de la dette publique, en sections et séries, et en coupons de séries de 1000 francs chacun, qui seroient appelés au remboursement par la voie du sort, à tous les tirages de la loterie de Paris.

Ce travail est tout fait dans le plan que je donnai l'année dernière au Roi, au Ministre des Finances et à la Chambre des Députés ; il me seroit facile de le reproduire ici, comme aussi de donner le tableau des effets de l'amortissement continué avec la dotation du Ministère du Trésor public : je démontrerois ainsi qu'en 16 ou 17 ans au plus (1), la France se trouveroit radicalement guérie de cette lèpre qu'on appelle *une dette publique.*

____

(1) Depuis que j'ai livré mon manuscrit à l'Imprimeur, j'ai fait, pour ma satisfaction, le tableau d'extinction d'une dette de 2 milliards, avec la dotation du Ministère du Crédit public, constituée sur le même pied. Mon évaluation s'est trouvée confirmée. Avant la fin du premier semestre de la seizième année, cette dette n'existeroit plus.

Mais cela me paroit ici sans intérêt. Je me borne à mettre sous les yeux de mes lecteurs, à la fin de cet ouvrage, le tableau des effets positifs et de la marche progressive du remboursement de l'emprunt de 729 millions, où l'on verra, qu'en effet, il n'est pas de possibilité quelconque à ce que ce remboursement ne soit pas terminé à la fin de la 14e. année.

On trouvera ce tableau à la fin de l'ouvrage.

Le remboursement peut être plutôt terminé et le sera probablement; car la masse, représentée par les syndics membres du conseil, profitera des lots gagnans qui échoiront aux billets qui n'auront pas encore de propriétaire, lorsque les premiers tirages auront lieu. Pour peu que le sort y donne les mains, il est facile de concevoir qu'une ou même deux sections soient économisées à la fin de l'opération; ajoutons à cela encore les économies qu'il sera possible de faire sur les frais d'administration et d'indemnités des membres du conseil, que j'ai exagérés pour opérer sur sommes rondes, afin de hâter mon travail.

Dans un mouvement d'accumulation progressive, les sommes les plus insignifiantes d'abord, opèrent des miracles au bout de 13 ou 14 ans.

Je n'ai plus rien à dire, plus rien à proposer. J'ai tâché d'être clair, de me mettre à la portée, non pas, comme on dit ordinairement, de tout le monde, car tout le monde n'est pas apte à s'occuper d'une telle matière ni disposé à y chercher son passe-temps, mais à la portée des hommes d'entendement auxquels pourtant la finance n'est pas tout-à-fait familière. Si quelques développemens, si quelques dispositions omises, laissent quelque chose à désirer, j'en demande grâce, comme d'un tort involontaire, mais facilement réparable pour tous ceux qui me feront l'honneur de désirer des explications que je me ferai un devoir et un plaisir de leur donner (1).

---

(1) Ceux qui me feront l'honneur de me les demander par écrit, sont priés de vouloir bien affranchir leurs lettres. Ne pouvant me faire tout à tous, j'avertis qu'à compter du 5 février, toutes lettres ou paquets qui me seront adressés sans être affranchis, resteront au rebut.

Je me suis efforcé de ne pas faire éprouver à mes lecteurs un tel besoin ; mais si l'on considère que je n'ai pris la plume que le 27 janvier, qu'aujourd'hui 30 ; je suis prêt à livrer mon travail à mon imprimeur, on concevra que si, d'ailleurs, mon plan présente, dans son ensemble, un tout à-peu-près harmonique et se laisse saisir sans trop d'efforts, je mérite quelque indulgence pour quelques anomalies qui pourroient s'y être glissées, pourvu qu'elles n'en rompent pas l'unité, n'en corrompent pas le sens et n'en rendent pas l'intelligence trop difficile.

En résumé, aurai-je fait un ouvrage utile ? c'est ce que j'ai espéré ; ce n'est pas à moi d'en juger. En présence du Roi, de son Ministre des Finances, des deux Chambres ; en présence aussi du public, je dois écouter et me taire.

Paris, 30 *Janvier* 1817.

DE FONVIELLE.

TA... intérêts, dont l'amortissement graduel concourt ... prunt.

Années.	...NSE. s	Remboursement des Billets		TOTAL.	Reste en Caisse à la fin du Trimestre.
		aux époques légales.	Supplémentair. par autorisation du Conseil.		
		fr.	fr.	fr.	fr.
181.	00	8,100,000	«	19,142,500	357,500
	50	8,100,000	«	19,041,250	816,250
	00	8,100,000	«	18,940,000	1,376,250
	50	8,100,000	«	18,838,750	2,037,500
181.	00	8,100,000	«	18,737,500	2,800,000
	50	8,100,000	«	18,636,250	3,663,750
	00	8,100,000	«	18,535,000	4,628,750
	50	8,100,000	«	18,433,750	5,695,000
181.	00	8,100,000	«	18,332,500	6,862,500
	50	8,100,000	«	18,231,250	8,131,250
	00	8,100,000	8,100,000	26,230,000	1,401,250
	00	8,100,000	«	17,927,500	2,973,750
182.	50	8,100,000	«	17,826,250	4,647,500
	00	8,100,000	«	17,725,000	6,422,500
	50	8,100,000	«	17,623,750	8,253,750
	00	8,100,000	8,100,000	25,622,500	2,176,250
182.	00	8,100,000	«	17,320,000	4,306,750
	50	8,100,000	«	17,218,750	6,658,000
	00	8,100,000	«	17,117,500	9,040,500
	50	8,100,000	8,100,000	25,116,250	3,424,250
182.	50	8,100,000	«	16,813,750	6,110,500
	00	8,100,000	8,100,000	24,812,500	798,000
	00	8,100,000	«	16,520,000	3,778,000
	50	8,100,000	«	16,408,750	6,869,250
182.	00	8,100,000	8,100,000	22,607,500	3,761,750
	00	8,100,000	8,100,000	22,405,000	856,750
	00	8,100,000	«	14,102,500	6,254,250
	50	8,100,000	8,100,000	22,101,250	3,653,000
182.	50	8,100,000	8,100,000	21,898,750	1,254,250
	50	8,100,000	«	13,596,250	7,158,000
	00	8,100,000	8,100,000	21,595,000	5,063,000
	00	8,000,000	8,100,000	21,392,500	3,170,500
182.	00	8,100,000	8,100,000	21,190,000	1,480,500
	00	8,100,000	«	12,887,500	8,093,000
	00	8,100,000	8,100,000	20,886,250	6,706,750
	00	8,100,000	8,100,000	20,683,750	5,523,000
182.	00	8,100,000	8,100,000	20,481,250	4,541,750
	00	8,000,000	8,100,000	20,278,750	3,763,000
	00	8,100,000	8,100,000	20,076,250	3,186,750
	00	8,100,000	8,100,000	19,873,750	2,813,000
182.	00	8,100,000	8,100,000	19,571,250	2,741,750
	00	8,000,000	8,100,000	19,368,750	2,873,000
	00	8,100,000	8,100,000	19,166,250	3,206,750
	00	8,100,000	8,100,000	18,963,750	3,743,000
1828	00	8,100,000	8,100,000	18,761,250	4,481,750
	00	8,100,000	8,000,000	18,558,750	5,423,000
	00	8,100,000	8,100,000	18,356,250	6,566,750
	00	8,100,000	8,100,000	18,153,750	7,913,000
1829	00	8,100,000	16,200,000	25,951,250	1,461,750
	00	8,100,000	8,100,000	17,647,500	3,314,250
	00	8,100,000	8,100,000	17,445,000	5,369,250
	00	8,100,000	8,100,000	17,242,500	7,626,750
1830	00	8,100,000	16,200,000	25,140,000	1,986,750
	00	8,100,000	8,100,000	16,746,250	4,654,500
	00	8,100,000	8,100,000	16,523,750	7,630,750
1831	00	8,100,000	8,100,000	24,430,000	2,700,750

TABLEAU du Remboursement de l'Emprunt de 729 millions, et du Paiement successif des intérêts, dont l'amortissement graduel concourt à opérer en 14 ans, l'extinction totale de cet Emprunt.

Années	Trimestres	RECETTE — Reste du précédent Trimestre	RECETTE — Quart des Revenus annuels du Trimestre	RECETTE — TOTAL	DÉPENSE — Frais d'Administration	DÉPENSE — Indemnités des Membres du Conseil	DÉPENSE — Lots échus aux Billets-gagnans	DÉPENSE — Intérêts des Billets au porteur	DÉPENSE — Remboursement des Billets aux époques légales	DÉPENSE — Remboursement des Billets Supplémentair. par autorisation du Conseil	DÉPENSE — TOTAL	RESTE en Caisse à la fin du Trimestre
		fr.	fr.	fr.	fr.	fr.	fr.	fr.	fr.	fr.	fr.	fr.
1817	2e.	«	19,500,000	19,500,000	100,000	30,000	1,800,000	9,112,500	8,100,000	«	19,142,500	357,500
	3e.	357,500	19,500,000	19,857,500	100,000	30,000	1,800,000	9,011,250	8,100,000	«	19,041,250	816,250
	4e.	816,250	19,500,000	20,316,250	100,000	30,000	1,800,000	8,910,000	8,100,000	«	18,940,000	1,376,250
1818	1er.	1,376,250	19,500,000	20,876,250	100,000	30,000	1,800,000	8,808,750	8,100,000	«	18,838,750	2,037,500
	2e.	2,037,500	19,500,000	21,537,500	100,000	30,000	1,800,000	8,707,500	8,100,000	«	18,737,500	2,800,000
	3e.	2,800,000	19,500,000	22,300,000	100,000	30,000	1,800,000	8,606,250	8,100,000	«	18,636,250	3,663,750
	4e.	3,663,750	19,500,000	23,163,750	100,000	30,000	1,800,000	8,505,000	8,100,000	«	18,535,000	4,628,750
1819	1er.	4,628,750	19,500,000	24,128,750	100,000	30,000	1,800,000	8,403,750	8,100,000	«	18,433,750	5,695,000
	2e.	5,695,000	19,500,000	25,195,000	100,000	30,000	1,800,000	8,302,500	8,100,000	«	18,332,500	6,862,500
	3e.	6,862,500	19,500,000	26,362,500	100,000	30,000	1,800,000	8,201,250	8,100,000	«	18,231,250	8,131,250
	4e.	8,131,250	19,500,000	27,631,250	100,000	30,000	1,800,000	8,100,000	8,100,000	8,100,000	26,230,000	1,401,250
1820	1er.	1,401,250	19,500,000	20,901,250	100,000	30,000	1,800,000	7,897,500	8,100,000	«	17,927,500	2,973,750
	2e.	2,973,750	19,500,000	22,473,750	100,000	30,000	1,800,000	7,796,250	8,100,000	«	17,826,250	4,647,500
	3e.	4,647,500	19,500,000	24,147,500	100,000	30,000	1,800,000	7,695,000	8,100,000	«	17,725,000	6,422,500
	4e.	6,422,500	19,500,000	25,922,500	100,000	30,000	1,800,000	7,593,750	8,100,000	«	17,623,750	8,253,750
1821	1er.	8,298,750	19,500,000	27,798,750	100,000	30,000	1,800,000	7,492,500	8,100,000	8,100,000	25,622,500	2,176,250
	2e.	2,126,750	19,500,000	21,626,750	100,000	30,000	1,800,000	7,290,000	8,100,000	«	17,320,000	4,306,750
	3e.	4,306,750	19,500,000	23,876,750	100,000	30,000	1,800,000	7,188,750	8,100,000	«	17,218,750	6,658,000
	4e.	6,658,000	19,500,000	26,158,000	100,000	30,000	1,800,000	7,087,500	8,100,000	«	17,117,500	9,040,500
1822	1er.	9,040,500	19,500,000	28,540,500	100,000	30,000	1,800,000	6,986,250	8,100,000	8,100,000	25,116,250	3,424,250
	2e.	3,424,250	19,500,000	22,924,250	100,000	30,000	1,800,000	6,783,750	8,100,000	«	16,813,750	6,110,500
	3e.	6,110,500	19,500,000	25,610,500	100,000	30,000	1,800,000	6,682,500	8,100,000	8,100,000	24,812,500	798,000
	4e.	798,000	19,500,000	20,298,000	100,000	30,000	1,800,000	6,480,000	8,100,000	«	16,520,000	3,778,000
1823	1er.	3,778,000	19,500,000	23,278,000	100,000	30,000	1,800,000	6,378,750	8,100,000	«	16,408,750	6,869,250
	2e.	6,869,250	19,500,000	26,369,250	100,000	30,000	«	6,277,500	8,100,000	8,100,000	22,607,500	3,761,750
	3e.	3,761,750	19,500,000	23,261,750	100,000	30,000	«	6,075,000	8,100,000	8,100,000	22,405,000	856,750
	4e.	856,750	19,500,000	20,356,750	100,000	30,000	«	5,872,500	8,100,000	«	14,102,500	6,254,250
1824	1er.	6,254,250	19,500,000	25,754,250	100,000	30,000	«	5,771,250	8,100,000	8,100,000	22,101,250	3,653,000
	2e.	3,653,000	19,500,000	23,153,000	100,000	30,000	«	5,568,750	8,100,000	8,100,000	21,898,750	1,254,250
	3e.	1,254,250	19,500,000	20,754,250	100,000	30,000	«	5,366,750	8,100,000	«	13,596,250	7,158,000
	4e.	7,158,000	19,500,000	26,658,000	100,000	30,000	«	5,265,000	8,100,000	8,100,000	21,595,000	5,063,000
1825	1er.	5,063,000	19,500,000	24,563,000	100,000	30,000	»	5,062,500	8,000,000	8,100,000	21,392,500	3,170,500
	2e.	3,170,500	19,500,000	22,670,500	100,000	30,000	«	4,860,000	8,100,000	8,100,000	21,190,000	1,480,500
	3e.	1,480,500	19,500,000	20,980,500	100,000	30,000	«	4,657,500	8,100,000	«	12,887,500	8,093,000
	4e.	8,093,000	19,500,000	27,593,000	100,000	30,000	«	4,556,250	8,100,000	8,100,000	20,886,250	6,706,750
1826	1er.	6,706,750	19,500,000	26,206,750	100,000	30,000	«	4,353,750	8,100,000	8,100,000	20,683,750	5,523,000
	2e.	5,523,000	19,500,000	25,023,000	100,000	30,000	«	4,151,250	8,100,000	8,100,000	20,481,250	4,541,750
	3e.	4,541,750	19,500,000	24,041,750	100,000	30,000	«	3,948,750	8,000,000	8,100,000	20,278,750	3,763,000
	4e.	3,763,000	19,500,000	23,263,000	100,000	30,000	«	3,746,250	8,100,000	8,100,000	20,076,250	3,186,750
1827	1er.	3,186,750	19,500,000	22,686,750	100,000	30,000	«	3,543,750	8,100,000	8,100,000	19,873,750	2,813,000
	2e.	2,813,000	19,500,000	22,313,000	100,000	30,000	«	3,241,250	8,100,000	8,100,000	19,571,250	2,741,750
	3e.	2,741,750	19,500,000	22,241,750	100,000	30,000	«	3,038,750	8,000,000	8,100,000	19,368,750	2,873,000
	4e.	2,873,000	19,500,000	22,373,000	100,000	30,000	«	2,836,250	8,100,000	8,100,000	19,166,250	3,206,750
1828	1er.	3,206,750	19,500,000	22,706,750	100,000	30,000	«	2,633,750	8,100,000	8,100,000	18,963,750	3,743,000
	2e.	3,743,000	19,500,000	23,243,000	100,000	30,000	«	2,431,250	8,100,000	8,100,000	18,761,250	4,481,750
	3e.	4,481,750	19,500,000	23,981,750	100,000	30,000	«	2,228,750	8,100,000	8,000,000	18,558,750	5,423,000
	4e.	5,423,000	19,500,000	24,923,000	100,000	30,000	«	2,026,250	8,100,000	8,100,000	18,356,250	6,566,750
1829	1er.	6,566,750	19,500,000	26,066,750	100,000	30,000	«	1,823,750	8,100,000	8,100,000	18,153,750	7,913,000
	2e.	7,913,000	19,500,000	27,413,000	100,000	30,000	«	1,621,250	8,100,000	16,200,000	25,951,250	1,461,750
	3e.	1,461,750	19,500,000	20,961,750	100,000	30,000	«	1,317,500	8,100,000	8,100,000	17,647,500	3,314,250
	4e.	3,314,250	19,500,000	22,814,250	100,000	30,000	«	1,115,000	8,100,000	8,100,000	17,445,000	5,369,250
1830	1er.	5,369,250	19,500,000	24,869,250	100,000	30,000	«	912,500	8,100,000	8,100,000	17,242,500	7,626,750
	2e.	7,626,750	19,500,000	27,126,750	100,000	30,000	«	710,000	8,100,000	16,200,000	25,140,000	1,986,750